하나님의 두려움

KB194936

하나님의 두려움

저자 김원태

초판 1쇄 발행 2024. 2. 23.

발행처 도서출판 브니엘
발행인 권혁선

책임교정 조은경
책임영업 기태훈
책임편집 브니엘 디자인실

등록번호 서울 제2006-50호
등록일자 2006. 9. 11.

서울특별시 송파구 백제고분로28길 25 B101호 (05590)
마케팅부 02)421-3436
편 집 부 02)421-3487
팩시밀리 02)421-3438

ISBN 979-11-93092-17-0 03230

독자의견 02)421-3487
이 메 일 editorkhs@empal.com

북카페주소 cafe.naver.com/penielpub.cafe
인스타그램 @peniel_books

도서출판 브니엘은 독자들의 원고를 설레는 마음으로 기다리고 있습니다.
위의 이메일로 간단한 기획 내용 및 원고, 연락처 등을 보내주십시오.

도서출판 브니엘은 갓구운 빵처럼 항상 신선한 책만을 고집합니다.

우리를 향한
하나님의
애절하고 미련한
사랑이야기

하나님의
두려움

김원태 | 지음

브니엘

하나님이 두려워하시는 것이 있다는 게 정말인가? 어쩌면 하나님이 두려워하신 것이 있다는 이런 표현은 신성모독이 될 수 있다. 우리가 믿는 하나님은 온 우주를 창조하신 창조주시며 전지전능한 분이다. 그 전지전능하신 하나님께서 두려워하시는 것이 있다니 말이 안 된다. 그런데 말라기는 하나님께서 두려워하시는 것이 있다고 말한다. 우리는 무척 궁금해진다. 하나님께서 두려워하시는 것이 무엇일까? 그것은 말라기 마지막 장 마지막 절에 나온다.

"그가 아버지의 마음을 자녀에게로 돌이키게 하고 자녀들의
마음을 그들의 아버지에게로 돌이키게 하리라. 돌이키지 아니

하면 두렵건대 내가 와서 저주로 그 땅을 칠까 하노라 하시니라"(말 4:6).

하나님은 이스라엘 백성들이 돌이키지 아니하여 하나님께서 저주할까 두렵다고 말씀하신다. 이런 하나님의 숨겨진 사랑이 담긴 말라기 내용은 6가지 경고로 되어 있다.

"여호와께서 말라기를 통하여 이스라엘에게 말씀하신 경고라"
(말 1:1).

경고로 시작되는 말라기서는 분위기가 무섭고 어둡다. 말라기 시대의 사람들은 하나님이 말씀하시는 경고에 두려움을 느꼈다. 경고라는 말 그 자체가 두려움을 주고 있지만 하나님의 경고라는 말은 그 말이 주는 엄청난 무게감 때문에 더 큰 두려움이 된다.

말라기는 구약의 마지막 책으로 구약 전체를 결론짓는 아주 중요한 책이다. 하나님은 이스라엘 백성들에게 6가지 경고를 말씀하신 후 그 경고를 듣는 이스라엘 백성의 두려움이 아니라 하나님의 두려움을 말씀하신다. 아니, 경고를 듣지 않는 이스라엘 백성이 두려워해야 함이 마땅한데 경고의 주체이신 하나님께서 두렵다고 말씀하시니, 뭔가 잘못된 표현인 것 같다.

하나님은 6번이나 경고해도 변하지 않는 이스라엘 백성을 심판하지 않으시고, 하나님에게로 돌아오지 않으면 저주할 것이라고 마지막으로 말씀하시면서, 정말 저주하여 이스라엘 백성이 매를 맞게 되는 일이 일어날까 두렵다고 말씀하고 계신 것이다.

이것은 이스라엘 백성을 저주하시기 전에 주저주저하시는, 이스라엘 백성을 향한 미련한 사랑이다. 하나님은 당연히 심판해야 할 이스라엘 백성을 향해 여전히 미련이 남아 있다. 하나님은 그들을 저주할까 두려워하신다. 결국 하나님의 두려움은 이스라엘 백성을 향한 하나님의 애절한 사랑을 표현한 것이다.

흔히들 구약의 마지막 메시지는 저주이고 신약의 마지막 메시지는 "아멘, 주 예수여 오시옵소서"라는 희망이라고들 말한다. 그것은 겉으로만 본 것이다. 신약이 희망으로 끝났다면 구약도 희망으로 끝나야 한다. 구약은 저주가 아니라 우리를 저주할까 두려워하시는 하나님의 애절한, 아니 미련한 사랑을 얘기한다. 그렇기에 구약도 희망이다. 우리를 향한 하나님의 사랑이 여전히 남아 있는 한 우리에게는 희망이 있다.

나는 말라기의 여섯 가지 경고와 한 가지 하나님의 두려움(하나님의 애절한 사랑)을 보면서 큰 은혜를 받았고, 매년 말라기 전체를 다루면 좋겠다는 생각이 들었다. 그만큼 말라기는 우리 신앙의 기본을 든든히 세우는 아주 중요한 책이다. 나는 이 책을 읽는 모든 분이 하나님의 두려움의 메시지를 듣고 하나님의 애절한 사랑을 느끼길 원한다.

하나님은 원래 사랑의 하나님이셨고, 구약의 마지막 시대인 말라기 시대에도 사랑의 하나님이셨고, 지금도 여전히 사랑의 하나님이시다. 그 하나님의 애절한 사랑이 당신 가슴에 가득 차게 되길 기도한다. 하나님의 사랑이 마음에 가득하면 언제나 꿈과 희망과 열정이 넘치게 된다. 사랑이 가득한 사람이 가정을 살리고 교회를 살리고 민족을 살리고 세상을 살리게 된다.

글쓴이 김원태

C·O·N·T·E·N·T·S
차 례

본문에 들어가기에 앞서 말라기의 전체 배경을 살펴보자.

1. 말라기의 저자는 말라기다.

말라기는 1장 1절에 말라기가 저자라고 말한다. 말라기라는 말
은 '나의 사자' 라는 뜻이다.

2, 말라기는 구약의 마지막 책으로 소선지서 12개의 책 중
마지막 책이다.

말라기는 구약의 마지막 결론이고 신약을 내다보는 신약의 서
론이라고 할 수 있다.

3 말라기를 기록한 시기는 BC 430년 전후다.

말라기는 바벨론 포로 귀한 이후 성전을 짓고 수십 년이 지난 뒤 예루살렘에 사는 유대인들을 위해 쓴 글이다. 말라기와 느헤미야는 같은 시대 사람이었다. 유대인들이 돌아와 성전을 재건한 후 많은 세월이 흐르자, 성전 예배는 시들해졌고 우상을 숭배하고 이방인과 결혼하며 가정은 대부분 타락하였다. 그래서 그들에게는 예배의 회복과 가정의 회복이 절실해졌다.

말라기를 쓴 이후 구약과 신약 사이에 400년이라는 긴 암흑기가 있다.

아브라함 BC 2000년.

다윗 BC 1000년.

북이스라엘 BC 722년 앗수르의 침공.

남유다 BC 586년 바벨론 침공으로 무너지고 포로로 끌려감.

예루살렘 귀환 후 스룹바벨 중심으로 성전을 지음. BC 516년.

성전을 지은 뒤 80~100년 후 BC 430~400년경에 말라기를 기록함.

400년 암흑기 후 예수님 태어나심.

4. 말라기의 주제는 경고와 희망이다.

말라기는 당시 사람들의 죄에 대해 경고하고 오실 메시아와 세례 요한에 대한 예언으로 희망을 말한다. 말라기 3장 1절에 주님 앞에 길을 준비할 자 세례 요한이 태어날 것을 예언한다. "만군의 여호와가 이르노라. 보라. 내가 내 사자를 보내리니 그가 내 앞에서 길을 준비할 것이요. 또 너희가 구하는 바 주가 갑자기 그의 성전에 임하시리니 곧 너희가 사모하는 바 언약의 사자가 임하실 것이라"(말 3:1).

말라기 4장 5절의 '선지자 엘리야'는 신약에 올 세례 요한을 말한다. "보라. 여호와의 크고 두려운 날이 이르기 전에 내가 선지자 엘리야를 너희에게 보내리니"(말 4:5). 말라기는 죄에 대한 경고뿐만 아니라 어두운 현실 속에서 희망을 바라본다.

5. 말라기의 시대적 배경

페르시아 고레스왕은 바벨론 포로로 살던 유대인들을 일방적으로 해방시키고 그들의 고향 예루살렘으로 돌아가게 하였다. 이것은 하나님께서 유대인들에게 베푸신 은혜였다. 그들은 예루살렘으로 돌아와 스룹바벨 총독을 중심으로 무너진 성전을 재건하였다. 그들은 절망적인 상황에서 성전을 다시 짓고 벅찬 감동과 함께 하나님께 예배드렸다.

그러나 100년의 세월이 흐르자 또다시 바벨론 포로 전처럼 세상과 타협하고, 성전 중심의 삶은 시들해지고, 예배도 형식적으로 바뀌고 말았다. 하나님께 제사로 드리는 양은 병든 것, 눈먼 것, 다리를 저는 것들이었다. 유대인은 이방인과의 결혼이 금지되었지만 이방인과의 결혼을 아무렇지 않게 행하였고 세속화되었다.

그들은 아예 노골적으로 하나님을 섬기는 것은 헛된 일이라고 말하였다. "이는 너희가 말하기를 하나님을 섬기는 것이 헛되니 만군의 여호와 앞에서 그 명령을 지키며 슬프게 행하는 것이 무엇이 유익하리요"(말 3:14).

구약의 마지막을 장식하는 말라기 시대를 사는 유대인들은 하나님의 백성이라는 정체성을 다 잃어버리고 총체적으로 타락하였다. 바로 이런 상황에 말라기 선지자는 경고와 희망을 들고 나타났다.

"여호와께서 말라기를 통하여 이스라엘에게 말씀하신 경고라"(말 1:1). "여호와께서 이르시
되 내가 너희를 사랑하였노라 하나 너희는 이르기를 주께서 어떻게 우리를 사랑하셨나이까
하는도다. 나 여호와가 말하노라. 에서는 야곱의 형이 아니냐. 그러나 내가 야곱을 사랑하였
고"(말 1:2).

SECTION

01

말라기 1:1-5

당신을 향한
하나님의
사랑을
의심하지 말라

말라기는 구약과 신약을 연결하는 가교역할을 하는 아주 중요한 책이다. 그렇기에 우리는 짧은 장이지만 자세히 곱씹으며 음미할 필요가 있다.

이제 본문으로 들어가서 말라기 1장을 들여다보자.

"여호와께서 말라기를 통하여 이스라엘에게 말씀하신 경고라" (말 1:1).

1절의 '경고' 라는 말은 히브리 원어로 '마샤' 라는 말로 이는 '무거운 짐' 이라는 뜻이다. 하나님은 말라기 선지자에게 무거운 짐을 말씀하라고 하셨다.

올림픽 선수가 실력을 쌓으려면 무거운 짐을 져야 한다. 달리기 선수들은 일부러 발목에 모래주머니를 차고 달리고, 스케이트 선수들은 자동차 바퀴를 끌고 다니는 훈련을 한다. 무거운 짐을 져야 실력이 생긴다. 우리 그리스도인들도 똑같다. 듣기 좋은 설교, 칭찬의 설교, 위로의 설교는 당장은 듣기 좋지만 영적으로 성장할 수 없고 자신의 죄 된 모습을 볼 수 없으며 영원한 천국을 향한 인생을 살 수가 없다.

하나님의 경고는 사랑이다. 사랑하지 않으면 경고하지 않는다. 우리는 듣기 좋은 설교만 들을 것이 아니라 경고의 말씀, 책망의 말씀을 가감 없이 그대로 들을 수 있는 겸손함이 있어야 한다. 말라기 말씀은 다 경고이다. 그래서 우리는 말라기 말씀을 경청해야 한다. 하나님이 우리에게 주시는 경고를 잘 들어야 인생을 낭비하지 않는다.

말라기에는 6가지 경고가 나오는데 첫 번째 경고가 하나님의 사랑을 의심하지 말라는 것이다.

"여호와께서 이르시되 내가 너희를 사랑하였노라 하나 너희는 이르기를 주께서 어떻게 우리를 사랑하셨나이까 하는도다. 나 여호와가 말하노라. 에서는 야곱의 형이 아니냐. 그러나 내가 야곱을 사랑하였고"(말 1:2).

하나님은 이스라엘 백성을 사랑한다고 말씀하신다. 그러나 이스라엘 백성은 주께서 어떻게 우리를 사랑하셨나이까 하며 퉁명스럽게 불만을 표현한다. '사랑하였노라'는 '아하브'라는 단어인데 히브리어 문법으로는 계속 사랑한다는 뜻이 들어 있다. 그러나 이스라엘 백성은 주께서 우리를 어떻게 사랑하셨나이까 하며 반문한다.

이들의 말투에는 하나님에 대한 존경도 없고 경외심도 없고 믿음도 없다. 말라기에는 이런 도발적인 반문이 6번이나 되풀이해서 등장한다.

"주께서 어떻게 우리를 사랑하셨나이까?"(말 1:2).
"우리가 어떻게 주의 이름을 멸시하였나이까?"(말 1:6).
"우리가 어떻게 여호와를 괴롭혀 드렸나이까?"(말 2:17).
"우리가 어떻게 하여야 돌아가리이까?"(말 3:7).
"우리가 어떻게 주의 것을 도둑질하였나이까?"(말 3:8).
"우리가 무슨 말로 주를 대적하였나이까?"(말 3:13).

이스라엘 백성들은 하나님께서 그들의 죄를 지적하면 그 말씀을 받아들이거나 반성하거나 회개하지 않고 꼬박꼬박 말대꾸했다. 이스라엘 백성들의 마음이 아주 냉소적이고 비관적인 것을 알 수 있다. 그들의 마음은 아주 강퍅해질 대로 강퍅해졌다. 하나님은 이렇게 강퍅한 그들에게 하나님께서 이스라엘 백성들을 사랑하고 계심을 제일 먼저 말씀하신다. 그리스도인이 가져야 할 제일 중요한 마음은 하나님께서 나를 사랑하신다는 절대 사랑의 마음이다.

하나님은 냉소적이고 반항심이 가득한 이스라엘 백성에게 하나님께서 이스라엘 백성들을 사랑하신다는 것을 야곱의 예를 들어 말씀하신다. 다시 2절을 읽어보자.

"여호와께서 이르시되 내가 너희를 사랑하였노라 하나 너희는 이르기를 주께서 어떻게 우리를 사랑하셨나이까 하는도다. 나 여호와가 말하노라. 에서는 야곱의 형이 아니냐. 그러나 내가 야곱을 사랑하였고"(말 1:2).

하나님은 이삭의 두 아들 에서와 야곱 중에서 야곱을 선택하셨음을 말씀하신다. 에서는 에돔 족속의 조상이고 야곱은 이스라엘 백성의 조상이다. 하나님께서 야곱을 선택하심은 그냥 하나님의 일방적이고 무조건적인 절대 사랑이다. 에서는 장자이므로 아버지 재산도 배나 많이 물려받고 몸도 건강하고 사냥도 잘한다. 하지만 야곱은 둘째로 몸도 약하고 겁도 많고 이기심이 가득한 자였다. 그런데 하나님은 둘째인 야곱을 선택하셨다.

세상 사람들은 실력 있고 돈 많고 건강한 사람을 선택한다. 그런데 하나님께서는 약한 야곱을 선택하셨다. 하나님께서 야곱을 선택하신 것은 야곱의 처지에서 보면 행운이며 축복이며 놀라운 사랑이다. 하나님께서 야곱을 선택하신 것은 야곱이 자격이 있거나 잘나서가 아니라 하나님께서 그냥 일방적으로 야곱을 사랑하기로 하셨기 때문이다.

신명기에서는 하나님께서 이스라엘 백성을 선택하심은 강하기 때문이 아니라 작고 약하기 때문이라고 말씀하신다.

"여호와께서 너희를 기뻐하시고 너희를 택하심은 너희가 다른 민족보다 수효가 많기 때문이 아니니라. 너희는 오히려 모든 민족 중에 가장 적으니라"(신 7:7).

하나님은 약한 자를 들어 강한 자를 부끄럽게 하시는 분이다.

"그러나 하나님께서 세상의 미련한 것들을 택하사 지혜 있는 자들을 부끄럽게 하려 하시고 세상의 약한 것들을 택하사 강한 것들을 부끄럽게 하려 하시며"(고전 1:27).

당신의 약함을 묵상하지 말고 하나님이 당신을 사랑하심을 묵상하면 좋겠다.

야곱의 후손인 이스라엘 백성이 자신들의 상황이 어렵고 힘들다고 해서 하나님이 어떻게 우리를 사랑하셨느냐고 따지는 것은 하나님의 사랑을 모르는 자들의 불평이다. 사실 우리도 야곱처럼 인간적인 눈으로 보면 세상 사람보다 못한 부분이 많다. 사도 바울도 에베소 성도들에게 이와 비슷한 말을 하였다.

"형제들아 너희를 부르심을 보라. 육체를 따라 지혜로운 자가 많지 아니하며 능한 자가 많지 아니하며 문벌 좋은 자가 많지 아니하도다"(고전 1:26).

우리도 세상의 눈으로 보면 부족함이 많은 자이다. 그런데도 내가 하나님의 선택을 받아 지금 예수를 믿고 있다는 것은 하나님의 놀라운 사랑이다. 그러므로 '하나님이 나를 사랑하시는가?'

라는 의문을 가지는 것은 괜한 시간 낭비일 뿐이다.

다시 본문 1장 3절 말씀을 보자.

"에서는 미워하였으며 그의 산들을 황폐하게 하였고 그의 산업을 광야의 이리들에게 넘겼느니라. 에돔은 말하기를 우리가 무너뜨림을 당하였으나 황폐된 곳을 다시 쌓으리라 하거니와 나 만군의 여호와는 이르노라. 그들은 쌓을지라도 나는 헐리라. 사람들이 그들을 일컬어 악한 지역이라 할 것이요. 여호와의 영원한 진노를 받은 백성이라 할 것이며."

하나님은 야곱은 사랑하였고 에서는 미워하였다고 말씀하신다. 이 구절을 에서의 처지에서 보면 안 된다. 이 말씀은 지금 야곱의 후손인 이스라엘 백성에게 하시는 말씀이다. 결국 에서의 후손인 에돔은 아무리 강대국이 되어도 다 망하게 된다. 에돔은 나중에 신약에서 이두메 족속으로 명맥을 유지하다가 로마에 점령되어 역사에서 완전히 사라진다. 1장 5절 말씀을 보자.

"너희는 눈으로 보고 이르기를 여호와께서는 이스라엘 지역 밖에서도 크시다 하리라."

하나님은 이스라엘 백성이 하나님께서 행하시는 일을 보고 하나님의 크심을 알고 하나님의 절대적인 주권을 인정할 것을 예언하신다. 아마도 이스라엘 민족만큼 특별하고 축복받은 민족도 없을 것이다. 이스라엘 민족은 하나님께서 선택한 선민이고 성경에 기록된 민족이며 BC 586년 바벨론 침공으로 역사에서 사라진 민족이었지만, 1948년 5월 14일 팔레스타인에 이스라엘이라는 나라가 생겼다. 전 세계가 놀랐다. 2천 년 동안 없던 나라가 갑자기 생긴 것이다.

성경의 말씀은 다 이루어진다. 지금은 전 세계가 유대인을 주목한다. 그들이 전 세계를 리드하고 있기 때문이다. 우리는 유대인들을 보면서 하나님은 크시다, 위대하시다고 고백할 수밖에 없다. 성경의 예언이 그대로 이루어진 것이다. 이제 본문 말씀을 통해 하나님의 사랑을 누리려면 어떻게 해야 할지 살펴보자.

첫 번째, 하나님의 사랑을 누리려면
죄를 버려야 한다.

말라기의 시작은 하나님의 경고이다. 경고는 급한 메시지다.

경고는 지금 바로 고쳐야 하는 급한 것이다. 경고는 무거운 짐이다. 무거운 짐이지만 받아들여야 한다. 무겁다고 변명하거나 합리화하거나 회피하면 안 된다. 하나님이 주시는 경고를 정직하게 받아들이고 회개하고 돌아서야 한다.

이스라엘 백성에게는 되풀이되는 죄가 있다. 출애굽한 이스라엘 백성이 가나안 땅에 정착하여 잘살게 되었을 때 우상을 숭배하였고 말씀에 불순종하여 이방인과 결혼하였다. 그래서 가나안의 축복을 다 잃었다.

이스라엘 백성이 혼돈의 사사 전국 시대를 보내고 사무엘 선지자 시대가 와서 회개한 이후 사울왕, 다윗왕, 솔로몬왕 시대로 가며 큰 축복을 받았다. 그런데 잘살게 되자 솔로몬왕 자체가 수많은 이방 여인과 결혼하고 우상을 숭배하였다. 그래서 이스라엘은 북이스라엘과 남유다로 분열되었다. 결국 북이스라엘은 앗수르에 망하고 남유다는 바벨론에 망하여 포로로 끌려갔다.

지금 말라기 시대는 바벨론 포로에서 돌아온 유대인들이 성전을 재건축하고 열정적으로 예배를 드리다가 100년이 지나지 않아 또다시 우상 숭배와 불순종으로 시시한 예배를 드리는 세속적인 삶을 살고 있다.

이스라엘 백성은 잘살게 되면 우상을 숭배하고 죄를 지었다.

지금 우리도 똑같다. 하나님보다 세상을 더 사랑하는 우상 숭배와 불순종에는 언제나 고난이 닥친다. 그러나 고난이 있다고 해서 우리에 대한 하나님의 사랑이 멈춘 것이 아니다.

"주께서 인생으로 고생하게 하시며 근심하게 하심은 본심이 아니시로다"(애 3:33).

고난은 하나님께로 돌아오라는 하나님의 사랑이다. 지금 성령께서 우리 각자에게 말씀하시는 경고를 들으라. 하나님의 경고는 사랑이다. 하나님과 멀어지게 하는 우상 숭배를 정리해야 한다. 하나님보다 더 사랑하는 것은 다 우상이다. 돈, 성공, 쾌락, 취미, 행복, 자녀, 남편, 부모 등…. 우상 숭배는 하나님과 멀어지게 만든다. 남편이 딴 여자를 사랑하면 부부 사이가 시들해지는 것처럼 내가 만든 신, 우상 숭배는 하나님의 사랑을 느끼지 못하게 한다. 하나님보다 다른 것을 더 사랑하는 우상 숭배는 내 인생을 낭비하게 한다는 것을 기억하라. 그리스도인의 진정한 성공은 이세상의 성공이 아니라 죄와 상관없는 삶이다. 하나님은 능력 있는 자, 실력 있는 자가 아니라 깨끗한(거룩한) 자를 쓰신다.

"누구든지 이런 것에서 자기를 깨끗하게 하면 귀히 쓰는 그릇이 되어"(딤후 2:21).

하나님의 사랑을 누리길 원하는가? 그렇다면 지금 성령께서 말씀하시는 시시콜콜한 죄들을 다 버리라.

두 번째, 하나님의 사랑을 누리려면
하나님이 나를 사랑하신다는 절대 사랑을 가져야 한다.

어떤 상황에서도 하나님께서 나를 사랑하신다는 절대 사랑을 갖기를 바란다. "하나님은 우리를 언제 어떻게 사랑하셨나이까?"라고 묻는 이스라엘 백성에게 야곱을 선택하셨다는 것을 말씀하셨다. 우리가 생각할 때는 "어떻게 우리를 사랑하셨나이까?"라고 묻는 이스라엘 백성에게 "내가 너희를 출애굽 시켰고 홍해를 건너게 하였고 광야에서 만나를 내렸고 불기둥과 구름기둥으로 인도하였고 바벨론 포로에서 이끌어냈다"라고 말씀하실 것 같은데, 하나님은 그런 말씀은 하지 않으시고 "내가 너를 선택하였다"라고 대답하셨다. 이것은 하나님께서 이스라엘 백성을 사랑하신 가장 중요한 증거가 이스라엘의 조상인 야곱을 선택하신 것이라는 말씀이다.

오늘날 그리스도인들도 현실의 어려운 문제가 나타나면 '하나님이 나를 사랑하시는가?' 라는 의문을 가진다. 그것에 대한 하나님의 답은 예수를 믿고 하나님의 자녀가 되도록 우리를 선택하셨다는 것이다. 과거 우리는 불신자로 본질상 진노의 자녀로 지옥에 가야 할 자였는데 하나님의 선택으로 하나님의 자녀가 되었다. 이것이 바로 하나님이 우리를 사랑하신다는 증거이다. 내가 예수를 선택한 것이 아니다. 하나님이 나를 선택하신 것이다.

"너희가 나를 택한 것이 아니요. 내가 너희를 택하여 세웠나니"(요 15:16).

내가 너희를 사랑한다는 말라기서의 말씀을 듣고도 여전히 불평하고 냉소적인 반응을 보인 자가 많았지만 하나님의 사랑을 정말 믿는 자들이 있었다. 그들은 지금 눈에 보이는 어려운 환경과 전혀 상관없이 하나님의 사랑을 믿는 절대 사랑을 가졌다. 그들의 후손은 말라기 이후 암흑의 시기 400년이 지나도 하나님이 자기를 사랑하신다는 것을 조금도 의심하지 않는, 흔들리지 않는 절대 사랑을 소유하고 살았다. 그들은 눈에 보이는 환경이 아닌 약속의 말씀을 믿고 하나님의 사랑을 누리며 살았다.

그 대표적인 사람이 바로 예수님의 아버지로 선택된 요셉이며 예수님의 어머니로 선택된 마리아였고, 세례 요한의 아버지 사가랴이며 세례 요한의 어머니 엘리사벳이었다. 또 성전에서 기도하며 메시아를 기다리던 시므온과 여선지자 안나였다. 이들은 예수님이 태어나시는, 인류의 축을 바꾸는 거대한 역사의 무대를 장식하는 자들이 되었다.

누가 성경에 기록되는 위대한 인생을 사는가? 눈에 보이는 환경과 전혀 관계없이 하나님께서 나를 사랑하신다는 그 사랑의 확신을 가진 자이다. 우리는 영적으로 아브라함의 자손이며 영적인 이스라엘 백성이다. 내가 하나님께 선택받은 자이고 하나님의 사랑을 받은 자임을 믿으라. 오늘날 그리스도인은 하나님께서 우리를 사랑하신다는 말에 너무 식상해 한다. 겉으로는 하나님이 나를 사랑하심을 믿는다고 말하지만 정말 마음 깊은 곳에서는 그 사랑을 믿지 않는다. 그래서 조금만 어려우면 감사는 싹 사라지고 불평, 불만, 원망이 나온다. 하나님의 사랑을 믿지 않는 자는 늘 부정적인 말을 한다. 그들끼리 모여 불만 파티를 연다.

당신은 부정적인 자들을 만나지 말고 그곳에서 나오라. 그들은 하나님의 사랑에 대해 냉소적이다. 부모의 사랑을 의심하는 자녀가 가정생활을 초라하게 만드는 것처럼 우리를 향한 하나님의 사랑을 의심하는 자는 인생이 초라하게 된다. 하나님의 사랑을 의심하는 자는 그저 눈에 보이는 상황만으로 하나님의 사랑을 평가하려고 한다. 무슨 일이 잘되면 '하나님은 나를 사랑하시는 것 같아'라고 느끼고 조금만 어려운 일이 나타나면 '하나님은 나를 사랑하시지 않아'라고 하며 하나님의 사랑을 변덕스러운 사랑으로 만들어 버린다. 우리를 향한 하나님의 사랑은 우리처럼 변덕스럽지 않다.

"예수께서… 자기 사람들을 사랑하시되 끝까지 사랑하시니라"
(요 13:1).
"여호와께서 나에게 나타나사 내가 영원한 사랑으로 너를 사랑하기에 인자함으로 너를 이끌었다 하였노라"(렘 31:3).

우리를 향한 하나님의 사랑은 끝까지 사랑하시는 사랑이며 영원히 사랑하시는 사랑이다. 혹시 우리가 하나님을 버린 적은 있겠지만 하나님이 우리를 버리신 적은 전혀 없다. 하나님의 사랑을 의심하지 않는 절대 사랑을 가져야 모든 일에 행복해진다. 인생에 무슨 일이 일어나든 상관없이 하나님이 나를 사랑하신다는 절대 사랑을 가지면 굉장한 안정감을 갖게 된다. 영적인 거장들은 환경과 상관없이 하나님이 자신을 사랑하신다는 이런 안정감을 가지고 살았다. 다윗은 천만인이 자기를 에워싸 진을 치고 포위할지라도 두렵지 않다고 말했다.

"천만인이 나를 에워싸 진 친다 하여도 나는 두려워하지 아니하리이다"(시 3:6).

다니엘은 사자굴 속에 들어간다 해도 하나님이 자신을 사랑하심을 믿고 감사했다.

"다니엘이 이 조서에 왕의 도장이 찍힌 것을 알고도 자기 집에 돌아가서는 윗방에 올라가… 전에 하던 대로 하루 세 번씩 무릎을 꿇고 기도하며 그의 하나님께 감사하였더라"(단 6:10).

다니엘의 세 친구는 풀무불 속에 던지겠다는 협박에도 다니엘처럼 하나님이 지켜주실 것을 믿었고 하나님의 사랑을 믿었다.

그들의 고백을 들어보라.

"왕이여. 우리가 섬기는 하나님이 계시다면 우리를 맹렬히 타는 풀무불 가운데에서 능히 건져내시겠고 왕의 손에서도 건져내시리이다"(단 3:17).
"그렇게 하지 아니하실지라도 왕이여. 우리가 왕의 신들을 섬기지도 아니하고 왕이 세우신 금 신상에게 절하지도 아니할 줄을 아옵소서"(단 3:18).

사도 바울은 "하나님이 우리를 위하면 누가 우리를 대적하리요"라는 담대함을 가지고 살았다.

"그런즉 이 일에 대하여 우리가 무슨 말 하리요. 만일 하나님이 우리를 위하시면 누가 우리를 대적하리요"(롬 8:31).

사도 바울은 하나님의 사랑에서 끊어지게 할 사건이나 사람은 없다고 선언했다. 심지어 죽음도 그 하나님의 사랑에서 끊어지게 하지 못한다고 확신하였다.

"내가 확신하노니 사망이나 생명이나 천사들이나 권세자들이나 현재 일이나 장래 일이나 능력이나 높음이나 깊음이나 다른 어떤 피조물이라도 우리를 우리 주 그리스도 예수 안에 있는 하나님의 사랑에서 끊을 수 없으리라"(롬 8:38-39).

아무리 환경이 어려워도 하나님이 나를 사랑하신다는, 하나님을 향한 절대 사랑을 가지라. 하나님의 사랑에서 우리를 끊을 수 있는 것은 없다.

구약시대의 사람들은 혹시라도 하나님의 사랑을 의심할 수 있었다고 하더라도 신약 이후 시대를 사는 우리는 하나님의 사랑을 조금도 의심하지 않을 수 있는 엄청난 증거를 가졌다. 그 증거는 바로 하나님의 아들 예수님이 죄인인 나를 위해 내 죄를 대신해서 십자가에서 못 박혀 죽으신 것이다.

제가 아는 한 장로님 아들은 문제아였다. 면허증도 없이 아버지 차를 운전하다가 대형 사고를 냈다. 차가 망가진 것은 물론이고 상대방 차에 탄 사람이 크게 다쳤다. 고발당하면 꼼짝없이 감옥에 가야 한다. 장로님은 그 피해자를 찾아가서 매일 용서를 구했다. 처음에는 화를 내며 오지 말라고 하였고 그다음에는 물을 부었고 나중에는 침도 뱉었다. 장로님은 온갖 수모를 다 겪고도 매일 찾아갔다. 자신도 자녀가 있었던 피해자는 이 장로님의 모습에 감동하여 형사고발을 취하하였고 아들은 감옥에 가지 않았다. 그 사건 이후 아들이 변했다.

예수님은 조롱과 욕설을 받는 정도가 아니라 나를 위해 십자가에서 죽어 주셨다.

"우리가 아직 죄인 되었을 때에 그리스도께서 우리를 위하여 죽으심으로 하나님께서 우리에 대한 자기의 사랑을 확증하셨느니라"(롬 5:8).

하나님께서 우리를 위해 자기 아들 예수를 죽게 하신 것이 우리를 사랑하시는 최고의 증거라고 성경은 말씀한다. 하나님의 사랑에 대해 의문이 생기는가? 십자가 앞에 서라. 십자가 앞에 서면 하나님의 사랑을 만나게 된다.

"어찌 39대의 매를 맞으셨나요?"

"어찌 머리에 가시 면류관을 쓰셨나요?"

"어찌 60kg이나 되는 나무 십자가를 매고 900m나 되는 갈보리 길을 가셨나요?"

"어찌 20cm나 되는 대못에 양손과 양발을 찔리셨나요?"

"어찌 벌거벗은 몸으로 십자가 위에서 6시간의 그 긴 고통을 당하다가 죽으셨나요?"

십자가 앞에 서면 억울함도 원망도 사라지고 불평도 사라진다. 십자가 앞에서는 죄 많은 날 위해 죽으신 주님 때문에 감격하게 된다. 십자가는 하나님의 사랑이다. 하나님께서 아들 예수님을 십자가에 내어주신 것은 나를 위해 하나님의 전부를 내어주신 것이다. 부모에게 자식보다 더 소중한 것이 어디 있겠는가?

2001년 9월 11일, 뉴욕 세계무역센터가 테러로 붕괴되는 사건이 일어나서 2,763명이 사망했다. 미국 전국의 소방관이 투입되어 잔해 속에서 생존자를 찾았다. 한 소방관이 사람의 팔목을 발견하여 휘슬을 불어 주변에 있는 소방대원이 몰려왔다. 그 사람의 주먹을 폈을 때 어린아이의 손이 들어 있었다. 아버지가 죽는 순간까지 어린아이의 손을 꼭 잡고 같이 죽은 것이다. 모든 소방대원이 눈물을 흘렸다.

하나님은 누구인가? 어디를 가나 내 손을 꼭 잡고 계신 분이다. 하나님은 누구인가? 나를 위해 죽어 주신 분이다. 어려운 환경 때문에 하나님이 나를 사랑하시느냐고 묻는 어리석은 자가 되지 말라. 하나님이 언제 나를 사랑했느냐고 따지는 자가 되지 말라. 내가 예수를 믿게 된 것은 죄 많은 나를 선택하신 하나님의 사랑 때문이다. 죄 많은 내가 아무 공로 없이 천국에 가는 것도 모두 하나님의 사랑 때문이다. 내가 하나님께 선택받았다는 것 하나만으로도 하나님께서 나를 사랑하신다는 결정적인 증거가 된다.

구약의 마지막 책 말라기에는 6가지 경고가 나오는데, 첫 번째 경고가 하나님의 사랑을 의심하지 말라는 것이다. 당신이 하나님을 향한 절대 사랑을 갖는 것이 인생을 잘사는 첫 번째 키다.

"내가 확신하노니 사망이나 생명이나 천사들이나 권세자들이나 현재 일이나 장래 일이나 능력이나 높음이나 깊음이나 다른 어떤 피조물이라도 우리를 우리 주 그리스도 예수 안에 있는 하나님의 사랑에서 끊을 수 없으리라"(롬 8:38-39).

1. 하나님의 사랑을 누리려면 죄를 버려야 한다.

  죄는 하나님과 멀어지게 한다. 하나님보다 더 사랑하는 것이 있다면 그 것이 우상이고 죄다. 지금 성령께서 경고하시는 죄를 버리라. 그래야 하나 님의 풍성한 사랑을 누릴 수 있다.

2. 하나님의 사랑을 누리려면 하나님이 나를 사랑하신다는
  것을 믿는 절대 사랑을 가져야 한다.

  우리가 절대 사랑을 가져야 하는 근거는 하나님께서 나를 선택하셨다는 것이다. 상황 따라, 환경 따라 사랑이 변한다면 그것은 절대 사랑이 아니다. 무슨 일이 있어도 하나님이 나를 사랑하심을 믿는 절대 사랑을 가져야 한다.

  절대 사랑은 긍정의 인생을 살게 한다. 절대 사랑을 가진 자가 역사의 주 인공이 된다. 하나님의 비전을 이루는 사람이 된다. 하나님의 사랑을 단 한 순간이라도 의심하지 말고 매 순간 하나님이 나를 사랑하신다는 절대 사랑 을 품고 그 사랑을 누리며 살라.

  한 가지만 더 생각한다면 하나님께서 선택한 자는 다 사명이 있다. 하나

님께서 선택하셨다는 것은 특별한 계획이 있다는 뜻이다. 당신이 하나님의 선택된 자로 이 땅에 태어남은 우연이 아니고 하나님의 특별한 계획이 있는 것이다. 당신 인생을 시시하게 생각하지 말라. 당신은 하나님의 목적을 이룰 위대한 자이다. '하나님이 나를 사랑하시는가? 사랑하시지 않는가?'라는 생각으로 시간을 낭비하지 말고, 하나님이 당신에게 주신 사명을 위해 오늘도 살아가는 성도가 되었으면 한다.

"내 이름을 멸시하는 제사장들아. 나 만군의 여호와가 너희에게 이르기를 아들은 그 아버지
를, 종은 그 주인을 공경하나니 내가 아버지일진대 나를 공경함이 어디 있느냐. 내가 주인일
진대 나를 두려워함이 어디 있느냐 하나 너희는 이르기를 우리가 어떻게 주의 이름을 멸시
하였나이까 하는도다" (말 1:6).

마음이 없는 형식적인 예배를 드리지 말라

우리는 왜 태어났는가? 하나님께서 우리를 이 땅에 태어나게 하신 이유가 무엇인가? 삶의 목적을 정확하게 알려면 나를 이 땅에 보내신 하나님의 뜻을 알아야 한다. 내가 만약 대통령의 특사로 미국에 파송되었다면 나를 미국에 보낸 대통령의 뜻을 분명히 알아야 할 것이다. 마찬가지로 내가 이 땅에 존재하는 이유, 내가 사는 목적을 알려면 나를 이 땅에 보내신 하나님의 뜻을 분명히 알아야 한다.

나는 나를 위해 창조된 자가 아니다. 나는 하나님을 위해 창조된 피조물이다.

"만물이 그에게서 창조되되… 만물이 다 그로 말미암고 그를 위하여 창조되었고"(골 1:16).

이 세상에 목적 없이 존재하는 것은 아무것도 없다. 산은 산이 존재하는 목적이 있고 바다는 바다가 존재하는 목적이 있다. 나무는 나무가 존재하는 목적이 있고 건물은 건물이 존재하는 목적이 있다. 하물며 만물의 영장이라고 하고 하나님의 형상을 닮았다는 사람이 존재하는 목적이 없을까?

우리는 왜 이 땅에 존재하는가? 바로 나를 이 땅에 보내신 하나님을 높이기 위함이다. 인생은 딱 한 번밖에 살지 않는다. 이 소중한 인생을 나를 위해 사는 낭비하는 인생을 살지 말라. 세상의 모든 나무나 식물이 태양 빛에 의해 살고 태양을 향해 살 듯이 사람은 하나님을 위해, 하나님을 향해 살아야 한다. 그러면 절대 후회하지 않는 최고의 인생이 될 것이다.

말라기에는 6가지 경고가 나온다. 이제 두 번째 경고를 보자.

"내 이름을 멸시하는 제사장들아. 나 만군의 여호와가 너희에게 이르기를 아들은 그 아버지를, 종은 그 주인을 공경하나니 내가 아버지일진대 나를 공경함이 어디 있느냐. 내가 주인일진대 나를 두려워함이 어디 있느냐 하나 너희는 이르기를 우

하나님은 이스라엘 제사장들을 책망하셨다.

"내가 너희의 아버지이며 주인인데 너희에게는 나를 공경하거나 두려워하는 마음이 없다"라고.

공경과 두려움을 합한 단어가 경외함이다. 이런 경고의 말씀을 들은 제사장들은 "예, 맞습니다. 제가 하나님을 경외하지 않았습니다. 제가 대충 적당히 예물을 드렸습니다" 하며 회개해야 했다.

그런데 그들은 하나님 경고를 우습게 여기고 오히려 반문했다.

"하나님, 우리가 어떻게 주인 되심을 무시하고 하나님의 이름을 멸시하였나이까" 하며 반항적인 질문을 하였다.

그들은 하나님의 책망을 들을 마음이 없었다. 자신의 죄를 바라볼 정직한 마음이 없었다. 그들은 적당히 변명하는 것이 이미 몸에 배어 버렸다.

하나님은 이스라엘 제사장들에게 왜 이런 책망을 하시는가? 하나님의 책망은 사랑이다. 역설적이지만 책망은 기회를 주는 사랑이다. 하나님은 이제 그들의 죄를 구체적으로 말씀하신다.

"너희가 더러운 떡을 나의 제단에 드리고도 말하기를 우리가 어떻게 주를 더럽게 하였나이까 하는도다. 이는 너희가 여호와의 식탁은 경멸히 여길 것이라 말하기 때문이라. 만군의 여호와가 이르노라. 너희가 눈먼 희생제물을 바치는 것이 어찌 악하지 아니하며 저는 것, 병든 것을 드리는 것이 어찌 악하지 아니하냐. 이제 그것을 너희 총독에게 드려 보라. 그가 너를 기뻐하겠으며 너를 받아 주겠느냐"(말 1:7-8).

하나님을 경외하는 것은 예배로 표현된다. 하나님은 이스라엘 백성이 예배에 더러운 떡을 바친 것을 보시고 하나님을 경외하지 않는다고 책망하셨다. 더러운 떡이란 오래된 떡, 곰팡이 핀 떡을 말한다. 하나님은 조금 더 구체적으로 더 상세히 말씀하신다. 이스라엘 백성이 드리는 희생제물은 눈이 먼 것, 다리 저는 것, 병들어 죽어가는 것들이었다. 하나님은 "이런 것들을 너희 총독에게 주어보라. 그러면 총독이 기뻐하겠느냐"고 말씀하셨다. 사람에게 주어도 기뻐하지 않을 것을 하나님께 드리면 하나님께서 기뻐하시겠는가? 이스라엘 백성은 인간 총독조차도 받지 않을 제물을 하나님께 드리고 있으니 이것은 정말 하나님을 무시하는 명백한 행동이다.

하나님은 하나님께 드리는 모든 희생제물은 흠이 없는 완전한 것을 드리라고 말씀하셨다.

"너희는 눈먼 것이나 상한 것이나 지체에 베임을 당한 것이나 종기 있는 것이나 습진 있는 것이나 비루먹은(병든) 것을 여호와께 드리지 말며 이런 것들은 제단 위에 화제물로 여호와께 드리지 말라"(레 22:22).

하나님은 온전한 예물을 드릴 때 기뻐하신다. 하나님을 기쁘시게 하길 원하는가? 온전한 예물을 드리라. 이제 하나님은 하나님께 온전한 예물을 드리지 않는 자들은 아무리 구하여도 은혜받지 못한다고 말씀을 덧붙이신다.

"만군의 여호와가 이르노라. 너희는 나 하나님께 은혜를 구하면서 우리를 불쌍히 여기소서 하여 보라 너희가 이같이 행하였으니 내가 너희 중 하나인들 받겠느냐"(말 1:9).

당신이 정말 기도 응답을 받길 원한다면 마음을 담아 온전한 예물로 예배를 드리라. 형식적인 예배를 드리는 자의 기도에는 응답이 없다. 습관적인 예배, 형식적인 예배, 드림이 없는 예배에는 하나님의 은혜가 없다. 하나님은 더러운 제물을 바치는 형식적인 제사를 멈추라고 말씀하신다.

"만군의 여호와가 이르노라. 너희가 내 제단 위에 헛되이 불사르지 못하게 하기 위하여 너희 중에 성전 문을 닫을 자가 있었으면 좋겠도다. 내가 너희를 기뻐하지 아니하며 너희가 손으로 드리는 것을 받지도 아니하리라"(말 1:10).

바벨론 포로로 살던 이스라엘 백성들은 하나님의 특별한 은혜로 70년 만에 이스라엘 땅 예루살렘으로 돌아와 성전을 짓고 얼마나 감동하였는지 모른다. 그들은 70년 만에 성전에서 예배드리면서 정말 감격하고 감동하였다. 그러나 그 후 100년의 세월이 흐르면서 그들의 예배는 시들해졌고 지금은 예배가 아예 형식적인 행위로 변질되었다. 하나님은 형식적인 예배를 드리는 그들에게 차라리 성전 문을 닫으라 말씀하신다. 그토록 중요한 예배를 멈추길 원하셨다. 이것은 역설적으로 그만큼 올바른 예배를 드려야 한다는 것을 강조하신 말씀이다.

이제 하나님은 유대인이 아닌 이방 민족 중에서 하나님을 위하여 깨끗한 제물을 드리는 자들이 나올 것이라고 말씀하신다.

"만군의 여호와가 이르노라. 해 뜨는 곳에서부터 해 지는 곳까지의 이방 민족 중에서 내 이름이 크게 될 것이라. 각처에서 내 이름을 위하여 분향하며 깨끗한 제물을 드리리니 이는 내 이름이 이방 민족 중에서 크게 될 것임이니라"(말 1:11).

정말 이스라엘 민족이 예배를 시시하게 드리자 하나님은 이방 나라에서 하나님을 예배하는 자들을 세우셨다. 하나님은 이제 앞에서 말한 이스라엘 백성이 하나님을 경외하지 않고 업신여긴 것을 다시 한번 더 경고하신다.

"만군의 여호와가 이르노라. 너희가 또 말하기를 이 일이 얼마나 번거로운고 하며 코웃음 치고 훔친 물건과 저는 것, 병든 것을 가져왔느니라. 너희가 이같이 봉헌물을 가져오니 내가 그것을 너희 손에서 받겠느냐. 이는 여호와의 말이니라. 짐승 떼 가운데에 수컷이 있거늘 그 서원하는 일에 흠 있는 것으로 속여 내게 드리는 자는 저주를 받으리니 나는 큰 임금이요 내 이름은 이방 민족 중에서 두려워하는 것이 됨이니라. 만군의 여호와의 말이니라"(말 1:13-14).

하나님은 이스라엘 백성의 예배에서 잘못된 두 가지를 말씀하신다. 첫 번째는 예배드리는 자의 자세를 먼저 말씀하신다. 예배를 드리는 것이 번거롭고 시간 낭비라는 생각을 지적하신다. "이 일이 얼마나 번거로운고 하며 코웃음 치는 것"은 예배를 우습게 여기는 태도라고 말씀하신다. 예배를 드리는 것은 번거로운 일이 아니라 기쁜 일, 기대되는 일이 되어야 한다. 두 번째는 훔친 것이나 병든 것을 바치는 제물이 온전치 못함을 말씀하신다. 하나님은 이런 예배를 받지 않으신다.

말라기서에는 총 6번의 경고가 나온다. 지금 말씀은 말라기의 두 번째 경고다. 이 두 번째 메시지는 하나님을 경외하는 마음이 없는 형식적인 예배를 책망하신다. 우리는 하나님께서 예배를 얼마나 중요하게 여기시는지 알아야 한다. 예배는 온 우주를 창조하신 하나님을 만나는 경이로운 일이다. 예배는 하나님 앞에 나아가 내 예물을 드리고 그분의 음성을 듣는 일이다. 예배는 내 영혼을 살리는 것이다. 예배는 은혜가 부어지는 곳이다. 어린 아기가 엄마 없이 살 수 없듯이 사람은 우리를 만드신 하나님을 만나지 않고는 살 수가 없다.

그렇다면 우리는 어떻게 해야 최고의 예배자가 될 수 있는가?

첫 번째, 최고의 예배자는 하나님을 주인으로
모시고 하나님을 두려워해야 한다.

말라기 1장 6절 말씀을 보자.

"내 이름을 멸시하는 제사장들아. 나 만군의 여호와가 너희에
게 이르기를 아들은 그 아버지를, 종은 그 주인을 공경하나니
내가 아버지일진대 나를 공경함이 어디 있느냐. 내가 주인일
진대 나를 두려워함이 어디 있느냐 하나 너희는 이르기를 우
리가 어떻게 주의 이름을 멸시하였나이까 하는도다."

하나님은 '내가 주인'이라고 분명히 말씀하신다. 조금만 눈을
들어 하늘을 바라보면 온 우주를 만드신 분이 있다는 것이 분명
해진다. 지구가 돈다는 것은 분명한 사실이며 진리이다. 이 거대
한 지구는 시속 1,670km로 돌고 있다. 지구가 도는 것은 모든 사
람이 다 안다. 그런데 왜 지구가 도는가? 저절로가 아니다. 하나
님이 돌리시는 것이다.

하늘에 태양이 떠 있다. 태양 겉의 온도가 6,000도이고 태양
속의 온도가 1,500만 도이다. 태양에 석유를 넣는 자가 없고 가스

를 주입하는 자도 없다. 그런데도 아담부터 지금까지 변함없이 같은 온도를 유지하고 있다. 누가 태양의 온도를 유지하는가? 성경은 온 우주 만물을 하나님께서 만드셨다고 말씀한다. "태초에 하나님이 천지를 창조하시니라"(창 1:1).

성경은 지금도 하나님께서 붙잡고 계신다고 말씀한다.

"이는 하나님의 영광의 광채시요 그 본체의 형상이시라. 그의 능력의 말씀으로 만물을 붙드시며 죄를 정결하게 하는 일을 하시고 높은 곳에 계신 지극히 크신 이의 우편에 앉으셨느니라"(히 1:3).

하나님께서 우주를 붙들지 않으시면 온 우주에 있는 별이 다 떨어질 것이고 태양도 빛을 잃고 지구의 자전도 멈출 것이다. 성경은 만물이 여호와 하나님의 능력으로 움직이고 하나님의 손안에 서 있다고 말씀하신다. "또한 그가 만물보다 먼저 계시고 만물이 그 안에 함께 섰느니라"(골 1:17).

여기에 만물이 그 안에 함께 서 있다는 말은 만물이 하나님의 손안에서 질서를 유지하고 있다는 말이다. 인류의 모든 역사는 하나님 손에 달려 있다. 개개인의 모든 미래도 다 하나님 손에 달려 있다. 그러므로 내가 주인이 되어 사는 초라한 삶을 정리하고 하나님을 주인으로 모시고 하나님을 두려워하며 살아야 한다.

우리 인생에 제일 무서운 일은 하나님을 두려워하지 않는 것이다. 우리 교회 집회에 오신 크리스 헤리슨 목사님에게 "리더는 어떤 자를 세울까요?"라고 물었더니, 곧바로 "Fear God" 즉 "하나님을 두려워하는 자"라고 말씀하셨다. 성경에도 모세가 리더를 뽑을 때 첫 번째가 하나님을 두려워하는 자라고 하였다. 하나님을 두려워하는 마음이 없다면 햇빛 없는 어두운 터널 안에 사는 것이다.

노예로 팔려 간 요셉은 애굽의 시위 대장 보디발의 집에서 모든 것을 관리하는 총무로 일하게 되었는데 보디발 부인이 자신을 붙잡으며 유혹하였을 때 다음과 같은 유명한 말을 남겼다.

"그런즉 내가 어찌 이 큰 악을 행하여 하나님께 죄를 지으리이까"(창 39:9).

요셉은 하나님을 주인 삼고 하나님을 두려워하는 삶을 살았다.

지금 당장 손해를 본다 해도 하나님을 두려워하며 살라. 하나님 앞에 사는 것을 선택해서 억울한 일을 당했다면 그 억울한 일은 그냥 당해도 된다. 하나님 앞에 사는 것을 선택하였기에 손해를 보았다면 손해를 보아도 된다. 하나님을 두려워하여 생긴 일은 결국 다 좋게 될 것이다. 요셉은 감옥에 들어감으로 애굽의 총리가 되었다. 하나님을 주인으로 모시고 하나님을 두려워하는 자에겐 하늘에 쌓인 은혜를 부어주신다.

"주를 두려워하는 자를 위하여 쌓아 두신 은혜 곧 주께 피하는 자를 위하여… 베푸신 은혜가 어찌 그리 큰지요"(시 31:19).

하나님을 두려워하는 것이 최고의 지혜이다. "여호와를 경외하는 것이 지혜의 근본이요"(잠 9:10). 당신의 주인이 하나님이시라면 주변 사람들을 두려워하지 말고, 지금 살아계셔서 우리의 모든 것을 보시는 하나님을 두려워해야 한다. 예수님은 우리에게 사람을 두려워하지 말고 하나님을 두려워하라고 명령하셨다.

"몸은 죽여도 영혼은 능히 죽이지 못하는 자들을 두려워하지 말고 오직 몸과 영혼을 능히 지옥에 멸하실 수 있는 이를 두려워하라"(마 10:28).

최고의 예배자는 하나님을 두려워하는 자이다.

**두 번째, 최고의 예배자는
예배를 귀히 여겨야 한다.**

하나님이 정말 당신의 주인이시라면 하나님이 기뻐하시는 예배를 드려야 한다. 우리가 이 땅에 존재하는 이유는 하나님께 예배드리기 위함이다.

하나님이 유대 제사장들에게 "너희에게 하나님을 공경하고 두려워함이 어디 있느냐"고 책망하자, 유대 제사장들은 "우리가 언제 하나님을 멸시하였나이까"라고 반문하였다.

"내가 주인일진대 나를 두려워함이 어디 있느냐 하나 너희는 이르기를 우리가 어떻게 주의 이름을 멸시하였나이까 하는도다"(말 1:6).

그때 하나님이 이스라엘 백성은 예배드리면서 번거롭다고 빈 정거렸고, 예배의 희생제물은 더럽고 다리를 절거나 병든 것이었다고 책망하셨다. 하나님은 우리가 하나님께 드리는 예배를 보고 하나님을 경외함을 판단하신다. 예배를 귀히 여기자. 하나님은 마음과 뜻과 힘을 다하여 예배드리라고 하셨다.

"너는 마음을 다하고 뜻을 다하고 힘을 다하여 네 하나님 여호와를 사랑하라"(신 6:5).

먼저 주일 성수부터 하고 최선을 다해 예배를 드려야 한다. 토요일 밤에 주일 예배를 준비하자. 기도로 준비하고 예물도 구별하여 준비하자. 예물이 없는 예배는 예배가 아니다. 예배는 나의 몸과 마음을 드리는 것이다. 구약의 예배에는 흠 없고 점 없는 준비된 희생제물이 반드시 있었다.

오늘날 현대인들은 설교를 듣는 것이 예배인 줄로 착각한다. 예배는 나의 유익을 위해 드리는 것이 아니다. 예배는 나의 것을 정성껏 하나님께 드리는 일이다. 하나님은 형식적이고 습관적인 예배를 원치 않으신다.

구약에 나오는 다윗은 왕이 되자, 제일 먼저 예배의 핵심인 법궤를 예루살렘 성전으로 가져오길 원했다. 법궤는 원래 엘리 제사장 집에 있어야 하는데 블레셋과 전쟁을 치르면서 블레셋에게 빼앗겼다. 블레셋 사람들이 이스라엘에서 빼앗은 법궤를 그들의 신당에 두자, 그 신당에 있는 우상들이 다 넘어지고 부러졌다. 놀란 블레셋 사람들은 블레셋 국경에 있는 아비나답 집에 법궤를 넘겨주었다. 법궤는 아비나답의 집에 70년 정도 머물렀다.

다윗이 법궤를 예루살렘으로 옮길 때 법궤를 실은 수레가 흔들리자, 아비나답의 아들 웃사가 함부로 붙잡으려고 하다가 그 자리에서 즉사했다. 놀란 다윗은 그 법궤를 오벧에돔 집에 두었다. 법궤가 오벧에돔 집에 머문 3개월 동안 그 집이 큰 축복을 받았다.

"하나님의 궤가 오벧에돔의 집에서 그의 가족과 함께 석 달을 있으니라. 여호와께서 오벧에돔의 집과 그의 모든 소유에 복을 내리셨더라"(대상 13:14).

역대상 26장에 보면 오벧에돔의 자손이 큰 축복을 받은 기록이 죽 나온다. 오벧에돔의 후손 중에는 나라를 다스리는 정치인, 큰 용사들, 능력 있는 자들, 직무를 잘하는 자들이 나왔다. 왜 70년 동안 법궤가 있었던 아비나답의 집에는 아들 웃사가 죽는 저주가 있었는데 법궤가 석 달밖에 있지 않았던 오벧에돔의 집은 큰 축복을 받았는가?

아비나답은 법궤가 70년 동안 있었지만 법궤를 귀히 여기지 않고 우습고 귀찮게 여겼다. 아비나답의 아들 웃사는 법궤에 대한 아무런 경외심도 귀하게 여기는 마음도 없었다. 웃사에게 법궤란 단지 억지로 보관해야 하는 귀찮은 물건이었다. 하지만 오벧에돔의 집은 법궤를 가정 중심에 두고 존귀하게 여겼다.

법궤는 예배의 중심이다. 예배를 귀찮게 여기거나 번거롭게 여기거나 우습게 여겨서는 안 된다. 예배는 사랑하는 하나님을 만나는 것이다. 예배는 설렘이고 기대이며 기쁨이다. 당신이 예배를 귀히 여기지 않는다면 축복을 저주로 바꾸는 것이다.

하나님은 예배를 우습게 여기는 엘리의 아들들과 엘리 제사장에게 준엄한 말씀을 하셨다.

> "그러므로 이스라엘의 하나님 나 여호와가 말하노라. …나를 존중히 여기는 자를 내가 존중히 여기고 나를 멸시하는 자를 내가 경멸하리라"(삼상 2:30).

하나님을 경외하길 원하는가? 그렇다면 예배를 귀히 여기라.

당신이 예배를 귀히 여기면 하나님께서 당신을 존귀히 여기실 것이고, 당신이 예배를 우습게 여기면 하나님께서도 당신을 우습게 여기실 것이다. 이런 말씀을 전하면 이것은 구약 이야기가 아니냐고 말하는 이들이 있다. 신약에서도 아나니아와 삽비라가 거짓 재물을 드리다가 죽었다. 하나님은 구약이나 신약이나 지금이나 같으신 분이다. 하나님을 존중히 여기면 하나님도 우리를 존중히 여기시고, 하나님을 업신여기면 하나님도 우리를 업신여기신다. 하나님이 우습게 여기는 자의 인생은 무엇을 해도 은혜가 없다.

예배는 지금 있는 장소에서 잘 드려야 한다. 혹시 지금 내 교회에서는 아무렇게나 신앙생활을 하면서 선교단체나 다른 곳에 우선순위를 두는 이가 있는가? 잘못된 것이다. 건강한 교인은 내가 다니는 내 교회 중심으로 신앙생활을 해야 한다. 건강한 교회에 다니는 자는 선교단체에 갈 필요도 없다. 교회 안에서 모든 훈련을 다 받을 수 있다. 교회와 선교단체는 다르다. 교회는 어린아이에서부터 할아버지까지 모든 세대가 어우러져서 예배드리는 곳이다. 그러나 선교단체는 한 미션만을 위해 존재한다.

하나님은 질서의 하나님이시다. 내 교회에서 올바른 예배를 드려야 한다. 지금 내 교회에서, 지금 내가 사는 내 가정에서 예배를 드리라. 하나님은 지금도 신령과 진정으로 예배드리는 예배자를 찾고 계신다.

"아버지께 참되게 예배하는 자들은 영과 진리로 예배할 때가
오나니 곧 이 때라. 아버지께서는 자기에게 이렇게 예배하는
자들을 찾으시느니라"(요 4:23).

세 번째, 최고의 예배자는
삶으로 예배드려야 한다.

우리는 하나님께 기쁨을 드리기 위해 창조되었다. 하나님을 기
쁘시게 하는 것을 예배라고 말한다. 하나님을 기쁘시게 하는 모
든 행동이 다 예배이다. 주일날 한 번의 예배뿐만 아니라 삶 자체
가 하나님께 기쁨을 드리는 삶이 되게 하라. 이것을 삶의 예배라
고 말한다. 구약 최고의 예배자를 말하라고 하면 다윗이다. 그는
삶 자체가 다 예배였다. 그는 하나님이 좋아서 날마다 노래하며
살았다. 그가 부른 모든 노래가 다 시편이다. 다윗의 평생소원이
하나님의 아름다움을 바라보는 것이라고 하였다.

"내가 여호와께 바라는 한 가지 일 그것을 구하리니 곧 내가 내 평생에 여호와의 집에 살면서 여호와의 아름다움을 바라보며 그의 성전에서 사모하는 그것이라"(시 27:4).

왕이 된 다윗은 왕궁에서 천 날 사는 것보다 하나님의 성전에서 문지기로 하루 있는 것이 더 좋겠다고 고백하였다.

"주의 궁정에서의 한 날이 다른 곳에서의 천 날보다 나은즉…내 하나님의 성전 문지기로 있는 것이 좋사오니"(시 84:10).

다윗은 하나님을 사모하였고 하나님 자체를 기뻐하였다. 그것이 예배이다. 하나님은 다윗을 내 마음에 합당한 자라고 말씀하셨다. 자신을 기쁘게 하려고 하지 말고 하나님을 기쁘시게 하라. 남편들은 가정에서 아내를 기쁘게 해 보라. 그러면 천국이 될 것이다. 그러나 남편들이 아내에게 나를 기쁘게 하라고 하면 지옥이 될 것이다. 마찬가지로 우리가 하나님을 기쁘시게 하면 하나님께서 우리에게 기쁨을 주실 것이다. 하나님을 기쁘시게 하는 자에겐 지혜도 주시고 열정도 주시며 하늘의 기쁨도 부어주신다.

로이드 존스는 영국 웨일스 지방 가난한 집안의 둘째로 태어났다. 1차 세계대전이 일어난 1914년에 런던으로 이사 와서 1916년 17세에 런던대학에 들어갔다. 그후 성 바돌로매 병원에서 의학을 공부하고 22세에 영국 왕실 내과의사가 되었다. 그는 매일 과식으로 병든 자들을 고쳐주고 또 과식으로 병든 자들을 고쳐주는 일을 되풀이하다가 '이렇게 인생을 살아도 되는가?' 라는 회의에 빠졌다. 그의 나이 27세에 구세군 거리 악단의 연주를 보고 감동하여 미래가 보장된 왕실 의사의 길을 버리고 목사가 되었다. 주변 사람들은 그가 미쳤다고 말했다.

그가 첫 사역을 한 곳은 고향인 웨일스 지방이었다. 그는 연봉 2,500파운드(한화로 약 400만 원) 받는 왕실 주치의를 버리고 10분의 1도 안 되는 적은 연봉 222파운드(약 37만 원)를 받으며 시골 목사로 섬겼다. 그는 그곳에서 12년 동안 목회하였고, 그다음 런던 웨스트민스터사원에서 30년을 목회했다. 그는 20세기의 세계적인 목사가 되었고 그의 나이 82세 되는 1981년 3월 1일 소천하였다.

그는 평생 하나님을 기쁘시게 하려고 살았다. 그에게 임종이 임박한 시간이 다가왔을 때 기자가 질문하였다.

"한평생 하나님의 말씀을 가르치고 설교하시면 살았는데 평생 마음속에 담고 있었던 가장 진지한 생각이 무엇입니까?"

그는 이렇게 대답했습니다.

"네. 나에게 딱 하나의 진지한 생각이 있었습니다. 내가 죽으면 하나님 앞에 서게 될 텐데 하나님께서 내 인생을 돌아보시면서 나를 어떻게 평가할 것인가가 나의 가장 진지한 생각입니다."

이 로이드 존스 목사의 말은 하나님이 심판대 앞에서 "너 나를 기쁘게 하기 위해 살았구나!" 하는 칭찬을 하실까? 아니면 "너 왕실의 의사가 되어 한평생 너의 성공과 너의 행복만을 위해 살았구나"라고 책망하실까 두려워하며 살았다는 것이다.

우리 인생은 내 성공이나 내 행복을 위해 사는 것이 아니다. 사도 바울은 예수님을 만난 뒤 오직 하나님을 기쁘시게 하는 삶을 살았다.

"그런즉 우리는 몸으로 있든지 떠나든지 주를 기쁘시게 하는 자가 되기를 힘쓰노라. 이는 우리가 다 반드시 그리스도의 심판대 앞에 나타나게 되어 각각 선악간에 그 몸으로 행한 것을 따라 받으려 함이라"(고후 5:9-10).

인생은 내 것이 아니다. 내가 내 인생을 시작한 것 아니다. 나를 이 땅에 보내신 분이 있다. 인생은 나를 위해 사는 것이 아니라 나를 이 땅에 보내신 그분의 뜻을 따라 살아야 한다. 하나님의 뜻은 우리가 하나님을 예배하는 자가 되길 원하신다. 우리가 최고의 예배자가 되려면,

1, 하나님을 주인으로 모시고 하나님을 두려워해야 한다.

　　하나님을 두려워하지 않으면 천박한 삶이 되기 쉽다.

2, 최고의 예배자가 되려면 예배를 귀히 여겨야 한다.

　　예배를 귀히 여기는 자는 하나님도 그를 귀히 여기고 예배를 우습게 여기는 자는 하나님도 그를 우습게 여기신다.

3. 주일 예배뿐만 아니라 매 순간 하나님을 기쁘시게 하는

　　삶의 예배를 드려야 한다.

　　오늘이 당신 인생 궤도를 다시 수정하는 소중한 날이 되기 바란다. 자신

을 높이지 말고 하나님을 높이고 예배하라. 우리가 하나님을 높이면 하나님도 우리를 높여주신다. 하나님은 빛이시다. 빛을 가까이하는 우리에게서 빛이 나는 것은 당연하다. 예배의 태도가 달라지면 인생도 달라질 것이다. 매 순간 하나님을 예배하라. 그러면 후회하지 않는 최고의 인생이 될 것이다.

"우리는 한 아버지를 가지지 아니하였느냐. 한 하나님께서 지으신 바가 아니냐. 어찌하여 우리 각 사람이 자기 형제에게 거짓을 행하여 우리 조상들의 언약을 욕되게 하느냐. 유다는 거짓을 행하였고 이스라엘과 예루살렘 중에서는 가증한 일을 행하였으며 유다는 여호와께서 사랑하시는 그 성결을 욕되게 하여 이방 신의 딸과 결혼하였으니"(말 2:10-11).

SECTION

03

말라기 | 2:10-16

축복이 넘치는
가정을
든든히 세우라

말라기는 예수님이 오시기 430년 전에 기록된 책이다. 지금으로부터 약 2,500년 전에 기록된 책이지만 구약의 마지막 책으로 구약성경 전체를 결론짓는 아주 중요한 메시지를 담고 있다. 유대인들은 바벨론 포로 생활 70년 후에 예루살렘으로 돌아와 무너진 성전을 재건하였다. 그들은 성전을 재건하고 뜨겁게 예배드렸다. 그러나 그 후 세월이 100년 정도 지나자 믿음이 시들해져 형식적인 예배를 드리고 세상과 짝하여 세속화되었다.

유대인들은 나라도 없고 그냥 페르시아 대제국의 조그마한 속국으로 살고 있었다. 경제적으로도 모든 것이 부족하였다. 원래 자신들이 살았던 예루살렘 땅은 이미 주변 나라 사람들 즉 사마리아, 블레셋, 암몬, 에돔 사람들이 다 차지하고 있었고 그들은 겨우 자리를 얻어 명맥을 유지 할 수 있었다. 유대인들은 기득권을 가진 이방인과 결혼하는 것이 그들의 삶에 큰 도움이 되었기에 이방인과의 결혼을 대수롭지 않게 여겼다.

말라기의 영적인 분위기와 오늘날 우리 한국 교회의 영적인 분위기가 별로 다르지 않다. 예배는 드리지만 형식적, 습관적이고 가정 안에는 세상의 문화가 깊숙이 들어와 있다.

하나님은 말라기 선지자를 통해 6가지 경고를 하신다. 그중 세 번째 경고이다. 세 번째 경고는 가정을 든든히 세우라는 말씀이다. 가정은 모든 것의 기초이다. 가정이 든든한 사람은 날마다 기쁨이 넘치는 삶을 살게 되고 기대가 넘치는 삶을 살게 된다. 가정이 든든한 자는 모든 것이 무너져도 다시 일어날 수 있다.

"우리는 한 아버지를 가지지 아니하였느냐. 한 하나님께서 지으신 바가 아니냐. 어찌하여 우리 각 사람이 자기 형제에게 거짓을 행하여 우리 조상들의 언약을 욕되게 하느냐. 유다는 거짓을 행하였고 이스라엘과 예루살렘 중에서는 가증한 일을 행하였으며 유다는 여호와께서 사랑하시는 그 성결을 욕되게 하여 이방 신의 딸과 결혼하였으니"(말 2:10-11).

하나님께서 우리를 지으셨다. 여기에 지으셨다는 단어 '바르'는 창세기 1장 1절의 창조하였다는 단어와 같다. 우리는 부모의 실수로 우연히 태어난 존재가 아니다. 하나님께서 직접 디자인하시고 만드신 하나님의 창조물, 하나님의 걸작품이다. 하나님께서 당신을 창조하셨다는 것에 자신에 대한 자존감을 느끼길 바란다. 하나님은 당신을 직접 창조하시고 그냥 떠나가 버린 분이 아니라 당신의 아버지로 계신다. 하나님께서 우리 아버지시라는 것은 하나님이 우리를 보호하고 가르치며 양육하신다는 뜻이다. 하나님은 지금도 나를 예수님 닮게 하시고 성숙하게 하시며 보호하고 인도하신다.

하나님을 믿는 자들은 모두 한 아버지를 가졌다. 우리는 모두 한 아버지를 가진 한 가족이다. 우리가 다 한 가족이면 가족끼리 거짓말하면 안 된다. 그런데 유대인들은 서로 거짓말을 하였다. 여기에 '거짓말'이라는 단어는 '빠가르'인데 이것은 '은밀하게 행동하다, 속이다, 약탈하다, 범죄하다'의 뜻이 있다. 유대인들은 하나님만을 섬기고 제사장의 백성으로 살겠다는 시내산 언약을 맺었다. 그러나 그들은 하나님 앞에 가증한 일, 즉 우상을 숭배하고 또 이방 여인들과 결혼하였다.

"이 일을 행하는 사람에게 속한 자는 깨는(유혹하는) 자나 응답 하는(유혹받는) 자는 물론이요. 만군의 여호와께 제사를 드리 는(이방인과의 결혼 집례) 자도 여호와께서 야곱의 장막 가운 데에서 끊어 버리시리라"(말 2:12).

여기서 말라기 2장 12절 말씀은 11절 말씀과 연결된다.

이 일을 행하는 자는 이방 여인과 결혼하는 자를 말하고 깨는 자는 이방 여인과 결혼하도록 유혹하게 하는 자를 말하고 응답받 는 자는 이방 여인과의 결혼에 동참하는 자를 말한다. 그리고 그 결혼을 집례하는 제사장이라도 하나님은 야곱의 후손에서 끊어 버리시겠다고 말씀한다. 당신의 성경책에 깨는 자에 동그라미 치 고 유혹하는 자라고 쓰고, 응답하는 자에 동그라미 치고 유혹받 는 자라고 써 놓으면 다음에 읽을 때 더 이해가 잘될 것이다.

하나님은 왜 이렇게 이방 여인과 결혼하지 못하게 하셨는가? 유대인 남자가 이방 여자와 결혼하면 그냥 결혼 정도가 아니라 그 이방 여자가 가진 우상을 그대로 가져오기 때문이다. 실례로 그 믿음 좋던 솔로몬도 이방 여인을 아내로 맞은 후 우상 숭배로 타락하였다. 아합왕도 이방 나라 시돈 여자 이세벨을 부인으로 맞이하여 이스라엘 전체를 우상 숭배하는 나라로 만들었다.

"너희가 이런 일도 행하나니 곧 눈물과 울음과 탄식으로 여호
와의 제단을 가리게 하는도다. 그러므로 여호와께서 다시는
너희의 봉헌물을 돌아보지도 아니하시며 그것을 너희 손에서
기꺼이 받지도 아니하시거늘"(말 2:13).

유대인들이 자기 본처를 버리고 젊고 건강한 이방 여자를 부인
으로 받아들이자 남편에게서 버림받은 부인들이 성전에 와서 눈
물과 탄식으로 기도하였다. 성전에는 이런 남편에게 버림받은 여
인들의 눈물이 가득하였다. 이것을 보신 하나님은 유대인들이 드
리는 예배와 예물을 받지 않으시겠다고 책망의 말씀을 하셨다.
그러나 유대인들은 회개하기보다 도리어 큰소리쳤다.
말라기 2장 14절 말씀을 보자.

"너희는 이르기를 어찌 됨이니이까 하는도다. 이는 너와 네가
어려서 맞이한 아내 사이에 여호와께서 증인이 되시기 때문이
라. 그는 네 짝이요 너와 서약한 아내로되 네가 그에게 거짓을
행하였도다."

유대인들은 하나님의 책망을 듣고 회개하기는커녕 신앙 양심

이 무뎌져서 아무런 죄책감도 없이 "하나님께서 우리의 예물을 받지 않으신다니 어찌 됨이니이까" 하며 뻔뻔스럽게 되묻고 있다. 하나님은 너희들이 버린 본처는 원래 너희들의 짝이고 아내라고 말씀하신다. 예수님은 결혼은 하나님이 짝지어 주신 것이라고 말씀하셨다.

> "그 둘이 한 몸이 될지니라. 이러한즉 이제 둘이 아니요 한 몸이니 그러므로 하나님이 짝지어 주신 것을 사람이 나누지 못할지니라 하시더라"(막 10:8-9).

그리고 하나님은 너와 네 아내가 결혼할 때 증인이었다고 말씀하신다. 결혼식은 남자, 여자, 그리고 주변 사람들만 증인이 아니라 하나님이 증인으로 계신다는 것이다. 그러므로 결혼을 가벼이 여기면 절대 안 된다.

> "모든 사람은 결혼을 귀히 여기고 침소를 더럽히지 않게 하라 음행하는 자들과 간음하는 자들을 하나님이 심판하시리라"(히 13:4).

말라기 2장 15절 말씀을 보자.

"그(하나님)에게는 영이 충만하였으나 오직 하나를 만들지 아니하셨느냐. 어찌하여 하나만 만드셨느냐. 이는 경건한 자손을 얻고자 하심이라. 그러므로 네 심령을 삼가 지켜 어려서 맞이한 아내에게 거짓을 행하지 말지니라."

여기서 15절 말씀은 조금 더 설명이 필요하다.

'그에게는'은 하나님을 지칭한다. 당신의 성경책에 '그에게는'에 동그라미 치고 '하나님'이라고 써 두면 좋겠다. 하나님에게는 무한한 능력이 있다. 전능하신 하나님께서 아담에게 하와 한 명을 주신 이유는 경건한 자녀를 얻고자 함이라고 말씀하셨다. 아이에게 엄마가 여러 명 있으면 그 아이는 늘 불안하여 경건한 자녀가 될 수 없다. 특별히 말라기 같이 이방인이 많은 시대에는, 일부다처제가 되면 이방 여인들과 결혼하게 되어 결코 경건한 자녀가 태어날 수 없었다.

여기서 결혼의 목적은 남녀의 성적인 만족을 위해 있는 것이 아니라는 것을 분명히 해야 한다. 성경이 말하는 결혼의 목적은 경건한 자녀를 낳기 위한 것이다. 창세기에서도 결혼의 목적을 분명히 말씀하신다.

"하나님이 자기 형상 곧 하나님의 형상대로 사람을 창조하시
되 남자와 여자를 창조하시고 하나님이 그들에게 복을 주시며
하나님이 그들에게 이르시되 생육하고 번성하여 땅에 충만하
라, 땅을 정복하라, 바다의 물고기와 하늘의 새와 땅에 움직이
는 모든 생물을 다스리라 하시니라"(창 1:27-28).

하나님께서 남자와 여자를 창조하시고 복을 주셨는데 그 복은
바로 자녀를 낳아 생육하고 번성하여 땅에 충만한 것이라고 말한
다. 특별히 말라기 2장 10~16절의 말씀은 다 유대인 남자에게 하
시는 말씀이다. 말라기 당시 세속적인 남자들은 나이가 들면 늙
고 약해진 아내를 버리고 젊고 건강한 이방 여자에게 관심을 가
지고 새 장가를 들었다. 하나님은 이런 이방문화를 따라가지 말
고 어려서 맞이한 아내를 귀히 여기라고 말씀하신다.

이제 마지막 16절 말씀을 보자.

"이스라엘의 하나님 여호와가 이르노니 나는 이혼하는 것과
옷으로 학대를(폭력) 가리는 자를 미워하노라. 만군의 여호와

의 말이니라. 그러므로 너희 심령을 삼가 지켜 거짓을 행하지 말지니라"(말 2:16).

하나님은 세상 사람처럼 아무런 죄책감도 없이 이혼하는 자들을 미워하신다고 말씀하시고 또 아내를 때리고 학대한 후 옷으로 가리고 숨기며 사는 자들을 미워하신다고 말씀하신다. 여기에 이혼이라는 히브리 말은 '쏼라흐'라는 단어인데 이것은 문자적으로 '집에서 내보내는 것'을 말한다. 말라기 시대에는 아내들이 집에서 쫓겨나면 노예가 되었다.

하나님은 연약한 아내를 집에서 내쫓은 남편들을 책망하신다. 하나님은 약한 자를 돕길 원하시는 분이다. 하나님은 지금도 약자들의 기도를 다 들으신다. 하나님은 지금도 억울하게 상처를 입은 자들의 기도를 다 들으신다. 우리 주변에도 이혼당한 이들이 있다. 그들을 비난할 것이 아니라 하나님의 마음을 가지고 위로하고 돌보고 격려하면 좋을 것 같다.

이 본문 말씀을 통해 한 가지 메시지를 꼭 기억했으면 한다. 가정을 든든히 세우자는 것이다. 사탄은 가정을 파괴하려고 한다. 현대에는 가정을 파괴하는 삼대 무기가 있다. 첫째, 간통은 가정

파괴의 시작이다. 둘째, 낙태는 유아 살해이다. 셋째, 동성애는 아예 아이를 낳지 못하게 하려는 사탄의 최고 전략이다.

구약시대의 이혼은 부인을 내쫓는 악한 행동이었고 사탄적인 행위였다. 하나님은 가정을 만드시고 가정을 지키길 원하신다. 하나님은 부부 사이가 좋은 자들의 예배를 받으시고 은혜를 부어주신다. 그러면 가정을 든든히 세우려면 제일 먼저 무엇을 해야 하는가?

첫 번째, 가정을 든든히 세우려면
부부가 서로 귀히 여겨야 한다.

말라기에서는 부부가 서로 귀히 여기는 것을 거짓을 버리는 것으로 시작한다. 본문에서는 거짓을 버리라는 말씀이 4번이나 나온다.

"어찌하여 자기 형제에게 거짓을 행하느냐"(말 2:10).
"유다는 거짓을 행하여 가증한 일을 하였고 이방 여인과 결혼하였다"(말 2:11).

"어릴 때 결혼한 아내를 버리는 것은 그녀에게 거짓을 행한 것
이다"(말 2:14).
"이혼하고 학대하는 거짓을 행하지 말라"(말 2:16).

말라기에서 말하는 거짓이라는 단어는 단순히 거짓말만 말하
는 것이 아니라 속이는 것, 악한 행동, 죄를 범하는 것을 다 포함
한다. 하나님은 가족끼리 거짓말하거나 속이는 악한 행동을 멈추
라고 경고하신다. 거짓말이 버릇이 된 자는 아무리 기도해도 은
혜가 없다는 것을 기억하라. 부부는 통장을 두 개 따로따로 가지
고 있으면 위험하다. 아니 두 개 가져도 되는데 서로 투명하게 관
리하면 된다. 부부는 서로 거울처럼 투명하게 살아야 한다. 어디
에 있는지, 누구와 있는지, 무엇을 하는지 등. 남편과 아내가 유
리처럼 투명하게 살면 사탄이 틈타지 못한다.

베드로는 베드로전서에서 초대교회 교인들에게 아내를 어떻게
대해야 하는지 말한다.

"남편들아… 지식에 따라 너희 아내와 동거하고 그를 더 연약
한 그릇이요, 또 생명의 은혜를 함께 이어받을 자로 알아 귀히
여기라. 이는 너희 기도가 막히지 아니하게…"(벧전 3:7).

'지식에 따라' 라는 말은 남편이 아내를 아는 지식을 말한다. 남편은 아내의 고민이 무엇인지, 아내의 관심이 무엇인지, 아내의 아픔이 무엇인지, 아내의 건강 상태가 어떠한지 알아야 한다. 그리고 아내는 연약한 그릇이니 귀히 여기라고 말씀하신다. 대부분 아내는 기본적으로 남편보다는 육체적으로 연약하다. 그리고 마음도 약하다. 하나님은 남편이 아내를 거칠게 대하는 것에 대해 경고하고 있다.

"남편들아 아내를 사랑하며 괴롭게 하지 말라"(골 3:19).

'괴롭게' 라는 헬라어 안에는 폭력이 포함되어 있다. 어떤 자매는 초등 5학년 때 어머니가 폐결핵으로 죽고 중학교 2학년 때 아버지도 폐결핵으로 피를 토하며 죽고 할머니 밑에서 가난하게 자랐다. 그 자매는 결혼 후 두 자녀를 낳고 우울증이 와서 걸핏하면 어린 두 아이를 마구 때리고 털썩 주저앉아 울며 분노를 표출하였다. 믿음 좋은 남편은 "내가 너를 도와줄게. 내가 너의 상처를 어떻게 해서든지 다 고쳐 줄게" 하며 꼭 안아주었다.

그 남편은 새벽마다 새벽예배에 아내를 데려가 안고 울며 하나님께 기도했다. 6개월 되는 날 아내가 힘을 얻고 일어났다. 지금은 찬양 사역자가 되어 온 세계를 다 다니고 있다. 그분이 바로 우리 교회에 와서 찬양 집회를 하신 이용례 권사님이다.

부부는 나이가 들수록 매력이 없어지고 이마에 깊은 골이 파이며 몸매가 젊었을 때처럼 아름답지 않다. 그렇다고 하더라도 부부는 서로를 귀히 여겨야 한다. 그러면 하나님께서 당신의 기도를 들어주시고 은혜를 부어주실 것이다. 성경은 부부는 서로 불쌍히 여기라고 말씀한다.

"서로 친절하게 하며 불쌍히 여기며 서로 용서하기를 하나님이 그리스도 안에서 너희를 용서하심과 같이 하라"(엡 4:32).

성경은 아내와 함께 있는 것을 즐거워하라고 말씀하신다.

"네 헛된 평생의 모든 날 곧 하나님이 해 아래에서 네게 주신 모든 헛된 날에 네가 사랑하는 아내와 함께 즐겁게 살지어다. 그것이 네가 평생에 해 아래에서 수고하고 얻은 네 몫이니라"(전 9:9).

부부 사이를 좋게 하면 모든 어려움을 다 이길 수 있다.

두 번째, 가정을 든든히 세우려면
하나님의 씨를 가진 자가 되어야 한다.

결혼해서 서로 알콩달콩 부부끼리 행복하게 살다 죽는 것이 우리 목표가 아니다. 하나님은 우리가 결혼한 목적을 말라기 2장 15절에서 아주 분명하게 말씀하신다.

"그에게는(하나님)… 경건한 자손을 얻고자 하심이라."
"한 분이신 하나님이 경건한 자녀를 원하시는 것이 아니겠느냐"(표준새번역).

말라기 2장 15절 말씀의 '경건한 자녀'가 히브리어 원어에서는 '제라 엘로힘', 즉 '하나님의 씨'로 되어 있다. 즉 하나님께서 우리를 결혼하게 하심은 하나님의 씨를 얻게 하려 함이라고 되어 있다. 영어 성경(KJV)은 좀 더 원어에 가깝게 번역했다.

"그분께서… 하나님을 따르는 씨를 구하고자 하심이라."

결혼의 목적을 분명히 해야 한다. 성경에서는 결혼의 목적이 하나님의 씨를 낳는 것으로 되어 있다. 성경은 결혼의 목적이 내 행복, 내 성공, 내 만족이 아니다. 내가 잘되기 위해 결혼하는 것 아니다. 결혼은 남편이나 아내를 위한 것이 아니라 하나님의 씨를 가진 자녀를 얻기 위함이다. 자녀가 없는 분은 입양하면 된다. 그것도 어려운 분들은 교회에 있는 아이들을 영적인 거장으로 키우면 된다.

성경을 창세기부터 죽 읽다 보면 참 이상한 장면이 나온다. 창세기 5장에 보면 아담 자손들 계보가 죽 나온다. 5장 전체가 '누가 누구를 낳고'로 시작해서 '누가 누구를 낳았다'는 것으로 끝난다. 신약 마태복음 1장도 '누가 누구를 낳고'로 시작한다. 아니 세계 최고의 베스트셀러인 성경책을 이렇게 쓰면 되는가? 누가 이런 책을 읽겠는가? 그런데 성경은 굳이 이것을 기록하고 있다. 무엇을 말하는가? 우리가 이 땅에 남기는 것은 자녀뿐이라는 것이다.

또 창세기 5장과 마태복음 1장은 우리 자신의 삶이 대단하지 않다는 것을 말한다. 우리 삶이란 자녀에게 미치는 영향력이 전부인 것을 말하고 있다. 위대한 일, 부유한 일, 재미있는 일, 세상의 유명은 다 금방 지나간다. 명소에 가서 찍은 사진 누가 보겠는가? 당신이 죽고 나면 아무도 보지 않는다. 그러나 당신이 당신의 자녀들에게 하나님의 씨를 남겨 준 것은 영원히 남게 된다.

하나님의 씨가 무엇인가? 씨는 단단한 껍질을 가지고 있어서 어떤 환경에서도 살아남아 꽃을 피우고 열매를 맺는다. 1963년 이스라엘의 맛사다 요새에서 고대 항아리를 발굴하였는데 그 속에서 2천 년 된 씨앗이 발견되었다. 이 씨앗은 데이트팜 씨인데 그 씨앗을 심었더니 싹이 났다. 씨의 특징은 아무리 오래되어도 생명을 가지고 있다는 점이다. 씨는 자신을 위해 존재하지 않고 살아서 번식하고 퍼뜨리는 특징을 가지고 있다. 바람에 날아가서 퍼뜨리고, 동물에 붙어서 퍼뜨리고, 심지어 동물들에게 먹혀서도 퍼뜨린다.

하나님의 씨는 어디에서나 하나님을 드러내고 하나님으로 꽃 피게 하고 하나님이라는 열매를 맺는다. 당신 자신이 먼저 하나님의 씨를 가진 자가 되고 그다음 당신의 자녀를 하나님의 씨를 가진 자녀가 되게 하라. 여호수아는 하나님의 씨를 가지고 요단강을 가르고 여리고성을 무너뜨리고 가나안 땅을 다 차지하였다. 그는 죽어가면서 "하나님과 친하라, 하나님을 사랑하라"고 외친, 하나님의 씨를 퍼뜨린 사람이었다.

다윗은 하나님의 씨를 가지고 골리앗을 향해 돌진하였다. 그는 1년, 5년, 10년이 넘도록 들로 산으로 도망을 다녀도 하나님의 씨를 품고 하나님을 노래한 사람이었다. 그는 왕궁의 천 날보다 하나님 성전에서 문지기로 지내는 것이 더 좋다며 하나님을 사모한 사람이다. 그는 하나님의 임재가 있는 법궤가 다윗 왕궁으로 올 때 바지가 다 내려오도록 춤을 추며 하나님 때문에 행복했던 사람이었다. 그는 죽는 순간까지 하나님의 씨를 퍼뜨린 사람이었다.

부모들이여, 오늘 내가 사는 이유가 우리 자녀들을 하나님의 씨를 가진 자녀로 키우는 것이어야 한다. 내 자녀를 세상에 유명한 자가 아닌 하나님의 씨를 가진 자녀로 키우겠다고 결심하라. 당신이 위대한 일을 하지 않아도 된다. 먼저 하나님의 씨를 가진 자가 되면 된다. 하나님의 씨를 가진 자녀를 키우라.

성경에는 하나님의 씨를 가지고 하나님을 퍼뜨린 자들이 가득하다. 노아, 에녹, 아브라함, 이삭, 야곱, 요셉, 모세, 여호수아, 사무엘, 다윗, 엘리야, 엘리사, 다니엘, 에스더, 룻, 마리아, 베드로, 요한, 야고보, 사울 등. 그다음 당신과 당신의 자녀 이름이 쓰이길 바란다.

모세의 아버지 아므람과 모세의 어머니 요게벳은 미리암, 아론을 낳았다. 그리고 아므람은 137세에 늦은 나이에 늦둥이 모세를 낳았다. 모세 시대의 사람들의 평균 수명이 강건하면 80이었는데 모세의 아버지는 정말 노인이었다. 모세가 태어날 당시 애굽의 바로 왕은 히브리인이 많아지는 것이 두려워 모든 유대인 남자아이를 다 죽이라고 명령했다. 이 모세의 이야기는 사람들이 만들어 낸 신화가 아니다. 애굽 역사에 자세히 기록되어 있다. 애굽 역사에 보면 모세는 BC 1526년에 태어났고 히브리인 남자아이가 태어나면 모두 죽이라고 명령한 애굽 왕은 투트모세 1세다.

아므람과 요게벳은 이제 막 태어난 젖먹이 모세를 버릴 수가 없었다. 애굽 군인들 몰래 3개월 동안 숨겨 키우다가 아이의 울음소리가 커지자 더 이상 숨길 수가 없어서 갈대 상자에 넣어 나일강에 버리기로 했다. 그냥 버릴 수가 없어서 몇 날 며칠을 모세의 무게와 같은 무게의 돌을 갈대 상자에 넣어 언제 어디에서 버리면 공주가 목욕하는 곳으로 갈 것인지를 연습하였다. 드디어 공주가 목욕하는 그 시간에 어린 모세를 갈대 상자에 넣어 나일강에 띄워 보냈다.

모세를 실은 갈대 상자는 정확하게 나일강에서 목욕하는 공주 앞으로 갔다. 공주는 갈대 상자에서 우는 모세를 건져 내어 자기 양자로 삼았다. 이 공주는 역사적으로 투트모세 1세가 낳은 무남독녀인 핫셉수트이다. 이 공주는 애굽 왕 바로의 외동딸로서 자식이 없었던 여인이었다. 모세의 누나 미리암은 공주에게 가서 이 젖먹이를 키울 유모가 필요하지 않겠느냐고 하여 친모인 요게벳이 모세의 유모가 되었다. 이렇게 요게벳은 자기 아들 모세를 4~5년 동안 자유롭게 키웠다.

어린 모세를 키우는 요게벳의 마음이 어떠했겠는가? 이제 곧 또다시 모세가 젖을 떼는 날, 모세를 보지 못할 날이 올 것을 안다. 당신이 요게벳이라면 어떻게 하겠는가? "아이구! 내 아들, 무럭무럭 건강하게 잘 크기만 하거라"고 했겠는가? 요게벳은 모세에게 모유를 먹일 때마다 눈물의 기도를 하였을 것이다. 모세와 같은 시기에 태어난 남자아이들은 모두 죽었다. 오직 모세만 살았다. 요게벳은 이것이 그냥 운이 좋아서가 아니라 하나님의 섭리가 있음을 알았다.

그녀는 모세를 품에 안을 때마다 눈물의 기도로 모유를 먹였을 것이다.

"하나님, 이 아이가 우리 히브리 민족을 살리는 아이가 되게 해 주옵소서."

"이 아이를 살리신 하나님의 선한 계획이 있으시죠."

"이 아이에게 하나님의 은혜를 부어주옵소서."

모세는 요게벳의 눈물의 기도를 먹고 자랐다. 매일 하나님 말씀을 노래로 만들어 자장가로 불렀다. 결국 모세가 다섯 살 정도에 요게벳의 품을 완전히 떠나는 날이 왔다. 요게벳은 5년 동안 모세를 하나님의 씨를 품는 자로 키웠다. 요게벳은 늦둥이 모세를 하나님의 씨를 가진 자녀로 키우는 위대한 인생을 살았다.

하나님의 씨를 가진 한 사람의 중요성을 잊지 말라. 하나님의 씨를 가진 모세 한 사람이 430년 동안 애굽의 노예로 살았던 이스라엘 민족을 출애굽시켰다. 여호수아 한 명이 하나님의 씨를 가지고 가나안 땅을 다 차지하였다. 엄청난 능력을 가진 핵폭탄은 한 개의 작은 원자로부터 시작된다. 큰 눈사태는 어떻게 일어나는가? 산꼭대기에서 구르는 작은 눈송이 하나가 굴러 눈덩이를 만들어 산밑에까지 내려가면 엄청난 힘을 나타낸다.

한 시대를 이끄는 빌리 그레이엄 같은, 무디 같은, 조지 뮬러 같은 영적 거장들이 우리 교회 자녀들에게서 나오길 기도한다. 아직 결혼하지 않은 이는 당신 스스로가 하나님의 씨를 가진 하나님의 사람이 되라. 하나님께서 말라기 선지자를 통해 어릴 때 결혼한 본부인을 버리고 이방 여인들과 잡혼을 하여 우상 숭배하는 것을 경고하신 것은 그들을 망하게 하기 위함이 아니라 다시 새롭게 시작하라는 것이다. 지금도 마찬가지다.

하나님은 우리 가정이 세속에 물들지 않는, 하나님의 씨를 가진 가정으로 달라지길 원하신다. 하나님은 하나님의 씨를 가진 한 사람을 원하신다. 과거는 바꿀 수 없다. 과거의 잘못은 회개하여 예수님의 피로 깨끗이 씻고 다시 새롭게 시작하라. 당신이 하나님의 씨를 가진 자가 되라. 하나님의 씨를 가지고 하나님을 퍼뜨리는 자가 되라. 하나님의 씨를 가진 자는 어려운 환경 때문에 절대로 죽지 않는다. 오늘날 우리 하나님의 씨는 예수이시다.

하나님은 새 일을 행하길 원하신다.

"너희는 이전 일을 기억하지 말며 옛날 일을 생각하지 말라. 보라. 내가 새 일을 행하리니 이제 나타낼 것이라. 너희가 그것을 알지 못하겠느냐. 반드시 내가 광야에 길을 사막에 강을 내리니"(사 43:18-19).

하나님은 새 일을 행하시는 명수이시다. 하나님은 당신 한 명이 하나님의 씨가 되어 한 가정을 살리고 한 나라를 살리는 자가 되길 원하신다.

【 말씀 정리 3 】

1. 첫 번째로 가정을 든든히 세우려면 부부가
   서로 귀히 여겨야 한다.

   먼저 부부 사이를 좋게 하라. 부부 사이가 좋으면 모든 어려움을 다 이겨
낼 수 있다. 부부 사이가 좋으면 언제나 기쁨이 넘치는 삶을 살 수 있다.

2. 두 번째로 가정을 든든히 세우려면 하나님의 씨를 가진
   자가 되어야 한다.

   씨의 특징은 아무리 오래되어도 생명을 가지고 있다는 것이다. 당신이
먼저 하나님의 씨를 가진 자가 되라. 그다음 당신의 자녀들도 하나님의 씨
를 가진 자가 되게 하라.

"네 헛된 평생의 모든 날 곧 하나님이 해 아래에서 네게 주신 모든 헛된 날에 네가 사랑하는 아내와 함께 즐겁게 살지어다. 그것이 네가 평생에 해 아래에서 수고하고 얻은 네 몫이니라"(전 9:9).

"너희가 말로 여호와를 괴롭게 하고도 이르기를 우리가 어떻게 여호와를 괴롭혀 드렸나이까
하는도다. 이는 너희가 말하기를 모든 악을 행하는 자는 여호와의 눈에 좋게 보이며 그에게
기쁨이 된다 하며 또 말하기를 정의의 하나님이 어디 계시냐 함이니라"(말 2:17).

공의의
하나님은
어디
계시는가?

하나님은 말라기를 통해 6가지 경고를 하신다. 이제 살펴볼 네 번째 경고는 정의의 하나님이 어디 계시냐 하고 의심하지 말라는 것이다. 우리는 짧은 인생을 살면서 왜 악한 사람이 더 잘되고 형통하는지. 누가 보아도 악한 자인데 왜 하나님은 그 악한 자를 심판하지 않으시는지. 정말 정의의 하나님은 살아계시는지 의문이 들 때가 있다.

우리가 살펴볼 말라기 시대의 유대인들은 바벨론 포로로 비참하게 살다가 70년 만에 자기들의 옛고향 예루살렘으로 돌아와서 성전을 재건하면 과거에 잃어버렸던 다윗과 솔로몬 때와 같은 황금시대가 다시 오는 줄 알았다. 그러나 성전을 재건한 뒤 100년이 지났지만 여전히 페르시아의 속국으로 살고 있고 그들에게 무

거운 조세를 바쳐야 했고 현실은 조금도 나아지지 않고 여전히
억압과 가난 속에 하루하루를 암울하게 살아가고 있다.

유대인들은 하나님을 모르는 악한 이방 나라의 지배를 받으며
약자로 살아가는 것에 대해 깊은 절망과 회의감에 빠졌다. 그들
은 하나님에 대해 회의주의자, 냉소주의자가 되었다. 그들은 이
제 하나님에게 대놓고 하나님의 정의로우심이 어디 있냐며 불평
을 쏟아내고 있다.

> "너희가 말로 여호와를 괴롭게 하고도 이르기를 우리가 어떻
> 게 여호와를 괴롭혀 드렸나이까 하는도다. 이는 너희가 말하
> 기를 모든 악을 행하는 자는 여호와의 눈에 좋게 보이며 그에
> 게 기쁨이 된다 하며 또 말하기를 정의의 하나님이 어디 계시
> 냐 함이니라"(말 2:17).

이스라엘 백성은 하나님을 향한 불평의 말로 하나님을 괴롭게
하였다. 유대인들은 "하나님 눈에는 악을 행하는 자들이 좋게 보
이고 하나님에게 기쁨이 된다"라고 비꼬았고 "하나님의 정의가
어디에 있느냐"며 불평하였다. 여기에 '정의'라는 히브리어의 뜻
은 '공의, 심판, 판결'을 말한다. 이스라엘 백성은 "정의의 하나

님이 어디 계시냐"고 따지면서 자신의 악함과 타락함에 대해 오래 참으시는 하나님의 사랑을 정말 알지 못하였다.

말라기 시대 유대인들의 죄는 말라기서 1~2장에 죽 기록하고 있다. 말라기 1장에 보면 그들은 예배드릴 때 더러운 떡을 드리고 눈먼 양, 절름발이 양, 병든 양을 드리면서도 제사드리는 것이 번거롭고 시간 낭비라고 말하였다. 그들은 하나님을 두려워하는 마음이 없었다. 그래서 하나님은 성전 문을 닫았으면 좋겠다고 탄식하셨다.

말라기 2장을 보면 그들은 하나님 앞에서 가증한 우상을 숭배하였고, 또 어릴 때 결혼한 원래 본처인 아내를 폭행하고 쫓아내었으며 이방 여자들과 잡혼을 하였다. 그들은 우상을 숭배하고 예배를 파괴하고 가정을 파괴하는 죄를 범하면서도 자신들의 죄를 보기는커녕 하나님은 공평하시지 않다고 말하고 있다. 그들의 뻔뻔한 질문에 하나님은 이렇게 답하신다.

"만군의 여호와가 이르노라. 보라. 내가 내 사자(세례 요한)를 보내리니 그가 내 앞에서 길을 준비할 것이요 또 너희가 구하는 바 주가 갑자기 그의 성전에 임하시리니 곧 너희가 사모하는 바 언약의 사자(예수)가 임하실 것이라"(말 3:1).

하나님의 정의에 대해 의심하는 유대인들에게 하나님은 "보라. 내 사자를 보내겠다, 갑자기 언약의 사자가 임할 것이다"라고 말씀하신다. 여기에 '내 앞길을 예비할 내 사자'는 세례 요한을 말하고 '언약의 사자'는 예수님을 뜻한다. '내 사자'가 세례 요한인 것은 예수님께서 직접 말씀하신 것이다.

"기록된바 보라. 내가 내 사자를 네 앞에 보내노니 그가 네 길을 네 앞에 준비하리라 하신 것이 이 사람에 대한 말씀이니라"(마 11:10).

예수님이 말씀하신 '기록된 바'는 구약 말라기 3장 1절에 나오는 이 말씀을 뜻한다. 당신의 성경책에 '내가 내 사자'를 동그라미 치고 세례 요한이라고 써 놓고 '언약의 사자'에도 동그라미 치고 예수라고 써 놓으면 도움이 될 것이다. 세례 요한과 예수님은 갑자기, 즉 생각지 못한 때, 예기치 않았을 때 오신다고 말씀하신다. 2~3절 말씀을 보자.

"그가 임하시는 날을 누가 능히 당하며 그가 나타나는 때에 누가 능히 서리요. 그는 금을 연단하는 자의 불과 표백하는 자의 잿물과 같을 것이라. 그가 은을 연단하여 깨끗하게 하는 자 같이 앉아서 레위 자손을 깨끗하게 하되 금, 은 같이 그들을 연단하리니 그들이 공의로운 제물을 나 여호와께 바칠 것이라" (말 3:2-3).

예수님이 오시면 금을 연단하는 불처럼, 옷을 깨끗하게 하는 잿물처럼 모든 게 새로워질 것을 말씀하신다. 예수님이 오시면 레위 자손, 즉 제사장들도 깨끗하게 되어 공의로운 재물, 즉 깨끗한 예배를 드리게 될 것을 말씀하신다. 이것은 제사의 회복, 예배의 회복을 뜻한다. 예배의 회복은 예수님이 오신 후 예수의 보혈을 의지하며 예배드리게 될 것을 말씀하신 것이다. 4절 말씀을 자세히 보자.

"그 때에 유다와 예루살렘의 봉헌물이 옛날과 고대와 같이 나 여호와께 기쁨이 되려니와"(말 3:4).

예수님이 오셔서 성도가 예수의 피를 의지하는 예배를 드리게 되면 옛날 이스라엘 백성이 시내산에서 처음 하나님께 예배를 드릴 때처럼 기쁨이 될 것을 말씀하신다. 하나님은 하나님의 정의,

즉 하나님의 심판이 어디 있느냐고 따지는 유대 백성에게 예수님이 오실 것을 말씀하시면서 지금 유대인들이 짓고 있는 7대 악을 말씀하신다.

"내가 심판하러 너희에게 임할 것이라. 점치는 자에게와 간음하는 자에게와 거짓 맹세하는 자에게와 품꾼의 삯에 대하여 억울하게 하며 과부와 고아를 압제하며 나그네를 억울하게 하며 나를 경외하지 아니하는 자들에게 속히 증언하리라. 만군의 여호와가 말하였느니라"(말 3:5).

이 7대 악은 우리에게도 해당된다.

1. 점치는 자 – 이것은 영적인 죄악이다.
2. 간음 – 이것은 성적인 죄다.
3. 거짓 맹세 – 거짓은 사탄의 종이 되는 악한 행동이다.
4. 품꾼의 삯을 억울하게 하는 것 – 노동자의 돈을 착취하는 것이다.
5. 과부와 고아를 압제하는 것 – 고아와 과부는 사회적 약자의 대표이다.

6. 나그네를 억울하게 하는 것 – 가난한 자, 갈 곳 없는 자를
    말한다.

특별히 거짓 맹세, 품꾼의 삯을 억울하게 하는 것, 고아와 과부
를 압제하는 것, 나그네를 억울하게 하는 것, 이 4가지는 모두 약
한 사람을 괴롭히는 짓이다. 우리 주변에 남에 대한 악한 말을 함
부로 퍼뜨리고 약한 이들을 괴롭히는 자가 많다. 이것은 하나님
께서 책망하시는 악행이다.

7. 하나님을 경외하지 않는 자 – 이것은 앞에 있는 6가지
    악 외에 하나님을 두려워하지 않고 자기 멋대로 짓는
    모든 죄를 다 포함한다.

하나님은 이런 7대 악을 행하는 자를 심판하겠다고 말씀하시며
"정의의 하나님, 심판의 하나님이 어디 계시냐"고 따지는 그들에
게 회개하라고 말씀하시는 것이다. 이것은 유대인들을 향한 하나
님의 경고이며 심판을 피할 기회를 주시는 것이다. 6절을 보자.

"나 여호와는 변하지 아니하나니 그러므로 야곱의 자손들아

너희가 소멸되지 아니하느니라"(말 3:6).

말라기 3장 6절은 2장 17절에서 "악한 이방 나라가 더 잘되는데 공의의 하나님이 어디 계시느냐?"라는 유대인들의 질문에 대답하시는 것이다. 하나님께서 유대인들을 사랑하시는 마음은 조금도 변함이 없으시다. 이렇게 변함없으신 하나님이 계시므로 지금 유대인들이 어려움에 부닥쳐 있을지라도 절대로 소멸되지 않는다는 희망의 말씀을 주신다.

우리는 하나님의 정의, 즉 하나님의 공의가 어디 있느냐 묻는 그들에게 하나님의 공의를 의심하지 말라고 말씀하시는 네 번째 경고를 살펴보았다. 나는 이 말씀을 통해 두 가지 메시지를 생각하길 원한다.

첫 번째, 하나님의 공의가 의심될 때
주님의 심판을 생각하라.

말라기 시대를 사는 유대인들은 악한 이방인이 자신들보다 더 잘 살고 형통한 것에 대해 "어찌 하나님께서 악한 이방인들을 심판하지 않고 그냥 내버려 두시는가?"라고 물었고, 이에 대한 하나님의 대답은 예수님이 오시는 것이었다.

"만군의 여호와가 이르노라. 보라. 내가 내 사자를 보내리니 그가 내 앞에서 길을 준비할 것이요. 또 너희가 구하는 바 주가 갑자기 그의 성전에 임하시리니 곧 너희가 사모하는바 언약의 사자가 임하실 것이라"(말 3:1).

하나님은 하나님의 공의에 대해 의심하는 그들에게 세례 요한과 예수님이 오셔서 심판하실 것을 예언하셨다. 정말 하나님의 예언대로 세례 요한과 예수님이 오셨다. 하나님은 역사의 구경꾼이 아니다. 예수님의 오심은 불신자에게는 심판이었고 성도에겐 희망이었다. 예수님이 오심으로 불신자는 심판받아 지옥에 가게 되었고 성도는 예수 믿고 천국에 가게 되었다. 하나님의 말씀은 그대로 다 이루어진다. 하나님은 역사의 주인이시고 세계를 움직이시는 분이다.

말라기 시대엔 신약시대에 예수님의 오심이 심판이었고 지금 우리에게는 마지막 날 예수님의 재림이 심판이다. 우리는 주변의 불공평한 일을 보면서 낙심할 것이 아니라 다시 오실 예수님이 심판하실 것을 준비하며 살아야 한다. 지금 전 세계는 말세로 향해 질주하고 있다. 말세는 예수님이 다시 오는 날이다. 예수님이 다시 오시면 이 세상의 모든 것은 다 심판받는다.

악인이 잘되고 형통하게 되는 것에 대해 불평등하다, 하나님이 부당하시다고 말하지 말고 오늘 예수님이 오셔서 심판하신다고 생각하면 답이 된다. 오늘 예수님이 오시면 악한 자의 형통함과 악한 자의 잘되는 것을 순식간에 심판하실 것이다. 오늘 예수님이 오시면 내가 억울한 것 예수님이 반드시 갚아주신다.

초대교회 교인들은 63년 네로 황제 때부터 313년 콘스탄틴 대제의 기독교 공인을 받기까지 약 250년 동안 정말 어마어마한 핍박과 환난을 받았다. 예수 믿는다는 이유로 감옥에 가고 사자굴에 들어가 사자 밥이 되고, 톱에 베이고 칼에 찔리고 불에 타죽었다. 그 끔찍한 핍박을 초대교회 교인들은 어떻게 이겨냈을까?

"보라. 내가 속히 오리니 내가 줄 상이 내게 있어 각 사람에게 그가 행한 대로 갚아주리라"(계 22:12).

성경 마지막 장 마지막 절이 무엇인가?

"이것들을 증언하신 이가 이르시되 내가 진실로 속히 오리라 하시거늘 아멘 주 예수여 오시옵소서. 주 예수의 은혜가 모든 자들에게 있을지어다. 아멘"(계 22:20-21).

초대교회 성도들은 예수님이 곧 재림하신다는 것으로 모든 부당한 대우와 핍박과 환난을 다 이겨냈다. 우리도 주님이 곧 재림하셔서 공의로운 심판을 하신다는 것을 믿고 부당한 대우와 불공평한 일을 이겨내야 한다. 인류의 종말인 예수님의 재림이 언제인지 아무도 모른다. 그러나 우리 개인의 종말, 즉 죽음이 온다는 것은 너무나 분명한 사실이다. 우리 개인의 종말이 오면 죽음 이후 곧바로 주님의 심판이 있다. 그 죽음은 언제 올지 아무도 모른다. 죽음은 갑자기 온다. 그러므로 우리는 날마다 오늘이 내 인생의 마지막 날인 줄 알고 사는 것이 악인이 득세하는 이 불공평한 인생을 바로 사는 비결이다.

내가 베트남 선교지에 가서 집회했을 때, 첫날 집회를 잘하고 그다음 날 집회 중에 베트남 공안이 와서 집회를 중단하는 일이 일어났다. 베트남은 공산국가다. 베트남 사람들에게 외국인이 설교하는 것은 불법이다. 그 집회에 참석한 200여 명의 사람들은 대부분 5~10시간 오토바이를 타고 온 농촌 목회자였다. 그들의 손은 일을 많이 한 농부처럼 손바닥이 딱딱하였다.

그들 중에는 공안이 들이닥쳐서 불공평하다거나 하나님이 계시는데 어찌 이런 일이 일어나는가 하며 낙심하거나 하나님을 원망하는 이가 없었다. 이런 핍박과 고난은 주님 앞에 서는 날 상급이며 면류관이라고 말했다. 그들은 집회가 중단되자 기쁘게 또다시 10시간의 길을 오토바이를 타고 돌아갔다.

당신이 일상생활에서 부당한 대우를 당하였는가? 당신이 불공평한 일을 당하였는가? 예수님의 심판대 앞에 서는 것을 바라보라. 하나님은 우리가 행한 대로 보응해 주실 것이다.

"하나님께서 각 사람에게 그 행한 대로 보응하시되"(롬 2:6).

오늘이 내 인생의 마지막 날이라고 생각하며 살자. 나는 당신에게 오늘 밤 유서를 써보기를 권면한다. 유서를 쓰게 되면 남은 인생은 하나님의 심판대를 향해 살게 된다.

두 번째, 하나님의 공의가 의심될 때
영원히 변치 않으시는 하나님을 믿으라.

당신 주변의 악한 자들이 더 잘되는 것 같은가? 부당한 대우를
받고 있는가? 공평하신 하나님이 없는 것처럼 보이는가? 그런데
도 여전히 역사를 주관하시고 영원히 변치 않는 하나님을 믿으
라. 말라기 3장 6절 말씀을 읽어보자.

"나 여호와는 변하지 아니하나니 그러므로 야곱의 자손들아
너희가 소멸되지 아니하느니라."

시대가 변하고 환경이 변하고 사람이 변해도 하나님은 영원히
변치 않으신다.
"나 여호와는 변하지 아니하나니"
"나 여호와는 변하지 아니하나니"에 밑줄을 치라. 유대인들은
변덕이 심한 자들이었다. 출애굽할 때 기뻐하였고 광야에서 불평
하였다. 출바벨론 할 때 기뻐하였고 지금 불평하고 있다. 그러나
하나님은 변함없이 신실하신 분이다.
하나님은 초대교회를 핍박하는 로마를 순식간에 역사에서 사

라지게 하실 수 있었다. 그런데 하나님은 로마를 금방 망하게 하지 않으셨다. 초대교회 교인들은 250년 동안 로마의 핍박을 받고 땅속에 숨어 들어가 살았다. 그들은 하루하루가 다 고난이었다. 아니 하나님은 왜 초대교회 교인들을 박해하는 로마를 그냥 내버려 두셨는가? 하나님은 복음이라는 이 소중한 보물을 정금 같은 큰 믿음이라는 그릇 속에 담아서 온 세상에 퍼뜨리시길 원하신 것이다. 역설이다. 고난이 있어야 큰 믿음을 가지게 되고 복음이 보호된다.

금을 광산에서 채굴하면 7번 불 속에 넣어 순도 98% 황금을 얻는다. 황금을 2천도 불 속에 넣으면 순도 99% 순금이 된다. 순금을 4천도 불 속에 넣으면 드디어 순도 100% 정금이 된다. 당신이 지금 고난 속에 있는가? 하나님이 계시지 않는 것이 아니라 고난 속에서 정금 같은 큰 믿음을 만들고 계시는 것이다. 만약 고난이 없었다면 초대교회 교인들이 가졌던 복음은 보호되지 않았고 땅 끝까지 전파되지 않았을 것이다. 믿음은 불공평하게 받는 고난 속에서 자란다. 믿음은 하나님이 계시지 않는 것 같은 고난 속에서 자란다.

하나님께서 침묵하고 계신다고 느낄 때 한 가지를 기억하라.

우리 생각과 다른 하나님의 큰 생각이 있다는 것이다. 우리 뜻보다 하나님의 뜻이 더 옳다는 것이다. 하나님은 언제나 옳으시다. 우리는 천지를 만든 신이 아니다. 우리는 전체를 볼 수 있는 눈이 없다. 우리는 영원을 볼 수 없다. 당신 인생에 아무리 큰 고난이 있어도 하나님의 살아계심을 조금도 의심하지 말라.

"여호와께서는 영원무궁하도록 왕이시니"(시 10:16).

하나님은 영원히 왕으로 계신다. 하나님은 스스로 계시는 분이시기에 영원히 변치 않으시는 분이다.

"하나님이 모세에게 이르시되 나는 스스로 있는 자이니라"(출 3:14).

하나님은 변함없고 신실하신 분이다. 예수를 믿지 않는 악한 자들이 잘되는 것 같고 오히려 예수 믿는 자들이 부당한 대우를 받는 것 같고 억울하게 그냥 그렇게 망할 것 같은가? 하나님이 계시지 않는 것 같은가? 아니다. 말씀을 다시 보자.

"나 여호와는 변하지 아니하나니 그러므로 야곱의 자손들아. 너희가 소멸되지 아니하느니라"(말 3:6).

하나님은 변하지 않는 신실하신 분이다. 그 신실하신 하나님 때문에 우리는 망하지 않는다. 6절에 "나 여호와가 변하지 아니하나니"와 "너희가 소멸되지 아니하느니라"가 원인과 결과로 연결이 되어 있다. "나 여호와가 변하지 아니하나니 그러므로 너희가 소멸되지 아니하느니라." 변덕이 심한 우리가 망하지 않는 이유는 변하지 않으시는 하나님 때문이다. 아무리 시대가 급변하고 악한 자들이 잘 되는 것 같아도 절대로 변하지 않으시는 하나님 때문에 우리는 망할 수 없다. 아멘. 영원히 변하지 않으시는 하나님을 믿으라. 그러면 망하지 않을 것이다.

다윗은 골리앗을 죽였다는 이유로 사울왕에게 쫓기며 이리저리 도망 다녔다. 다윗 처지에서 보면 부당한 것이다. 너무나 억울한 일이다. 악한 사울왕이 힘을 가지고 있으니 하나님은 공의롭지 못한 것 같다. 하루도 아니고 13~14년을 도망 다니다니, 하나님이 계시지 않는 것 같았다. 그러나 다윗은 자신이 당하는 상황이 이해되지 않아도 하나님을 여전히 신뢰하고 하나님을 원망하지 않았다. 그는 훗날 이런 노래를 불렀다.

"악을 행하는 자들 때문에 불평하지 말며 불의를 행하는 자들을 시기하지 말지어다. 그들은 풀과 같이 속히 베임을 당할 것이며 푸른 채소 같이 쇠잔할 것임이로다"(시 37:1-2).

악인은 화려한 꽃이 피는 것 같아도 뿌리가 잘린 꽃꽂이에 불과하다. 화려하게 살아 있는 것 같지만 이미 죽은 것이다. 악인은 하나님과의 관계가 끊어진 자들이기에 그들의 화려한 꽃은 곧 시들게 되고 영원한 지옥에 들어가게 될 것이다. 그러나 우리 성도는 약한 자 같지만 변하지 않으시는 하나님 때문에 절대로 망하지 않고 더 큰 은혜를 누리게 될 것이다. 당신도 다윗처럼 아무리 상황이 나빠도 여전히 살아 계신 하나님을 믿고 기다리길 바란다. 이해되지 않아도 믿는 믿음이 진짜 믿음이다.

예를 들면 남편이 돈을 벌어 오고 건강할 때 아내가 남편을 사랑하기는 쉬운 일이다. 그러나 남편이 회사에서 쫓겨나 돈을 벌어 오지도 못하고 몸이 병들었을 때 아내가 남편을 사랑한다면 그 사랑은 정말 참사랑일 것이다. 마찬가지로 하나님이 계시지 않는 것 같고 내가 억울한 상황에 있고 부당한 대우를 받을 때도 하나님을 믿는다면 그 믿음이 정말 참믿음일 것이다. 참믿음이란 보이지 않을 때 믿는 것이고 들리지 않을 때 듣는 것이며 잡히지 않을 때 붙잡는 것이다.

말라기 3장 6절에서 악인들이 더 잘되는 것 같고 억울하게 고난받고 있다고 생각하는 유대인들에게 하나님은 "야곱의 자손들아 너희가 소멸되지 않을 것이라"는 말씀으로 희망을 주셨다. 하나님의 말씀을 붙잡고 꺼진 희망의 불씨를 다시 살리기 바란다. 하나님께서 유대인들을 야곱의 자손이라고 부르신 것은 야곱이 약한 자의 상징이기 때문이다. 성경은 야곱을 부를 때 벌레 같은 야곱이라고 말씀했다.

"버러지 같은 너 야곱아, 너희 이스라엘 사람들아 두려워하지 말라. 나 여호와가 말하노니 내가 너를 도울 것이라. 네 구속자는 이스라엘의 거룩한 이이니라"(사 41:14).

야곱은 약한 자이다. 당신이 약한 자인가? 약해도 괜찮다. 야곱은 이기적인 자이고 변덕이 심한 자이다. 당신이 이기적이고 변덕이 심한 자라도 괜찮다. 우리가 아무리 변덕이 심한 자라 해도 하나님은 변함없는 분이시다. 우리가 하나님에 대해 관심을 버렸다고 해도 하나님은 여전히 우리에 관해 관심을 가지고 계시는 변함없는 분이시다.

'하나님의 공의가 어디 있느냐?' 고 불평하는 유대인들을 부르실 때 하나님께서는 의도적으로 야곱을 사랑한다고 말씀하시고 야곱의 자손들은 소멸되지 않는다고 말씀하신다.

"나 여호와가 말하노라. …내가 야곱을 사랑하였고"(말 1:2).
"나 여호와는 변하지 아니하나니 그러므로 야곱의 자손들아 너희가 소멸되지 아니하느니라"(말 3:6).

이 말씀은 역사가 증명하였다. 말라기 당시 유대인들이 아무리 부당한 대우를 받고 가난하게 살아도 역사에서 유대인은 소멸되지 않았다. 지금은 오히려 유대인이 온 세상을 움직이는 중심이 되고 있다.

우리가 영적인 야곱이다. 지금 당장 우리가 벌레처럼 약하다고 해도 변함없이 우리를 사랑하시는 그 신실하신 하나님 때문에 망하지 않는다. 우리가 아무리 연약해도, 우리가 아무리 똑같은 죄를 짓고 또 넘어진다고 해도 변함없는 사랑으로 우리를 사랑하신다는 말씀에 그냥 감동되고 안심이 된다.

내가 어느 교회 부목사를 할 때 주 장로님이라는 분이 있었다. 그 장로님은 주일 새벽 자신의 공장에 불이 났다는 보고를 받고 공장으로 뛰어갔다. 공장이 다 불에 다 타버렸다. 하나님이 원망스러웠다. 어찌 이런 일이 일어납니까? 교회도 열심히 섬기고 믿음대로 살려고 애쓰는데 이게 무슨 일입니까? 하나님을 향한 원망과 깨어진 마음으로 주일 예배에 참석하였다. 장로님이 교회 본당에 들어서자마자 이런 찬양이 흘러나왔다.

"신실하신 하나님 실수가 없으신 좋으신 나의 주"

그 찬양을 듣는 순간 눈물이 왈칵 쏟아졌다. 주 장로님은 "하나님, 제가 잠시나마 하나님을 원망한 것을 용서해 주십시오. 하나님은 실수가 없으신 좋으신 하나님이십니다"라고 기도했다. 장로님은 예배에서 힘을 얻고 한국의 공장을 정리하고 스리랑카에 한국보다 훨씬 큰 공장을 세웠다. 그 후 그 공장에서 한국에서보다 더 큰 수입을 얻게 되었다.

우리를 향한 하나님의 사랑은 변함없다. 우리를 향한 하나님의 관심은 변함없다. 영원히 살아계시는 하나님은 우리 삶에 무한한 관심을 가지고 계신다. 그 변함없는 하나님의 사랑 때문에 우리는 결코 망하지 않는다. 지금 당신의 상황이 어려운가? 하나님이 보이지 않는가? 아니다. 하나님은 지금도 여전히 살아계시고 하나님은 지금도 우리를 변함없이 사랑하고 계신다. 그 변함없는 하나님 때문에 우리는 절대 망하지 않는다.

혹시 당신이 사회적으로 부당한 상황에 놓여 있는가? 하나님은 당신을 잊지 않았다. 아무리 어려워도 하나님께서 함께하심을 믿으라. 하나님은 당신을 여전히 기억하고 계신다. 하나님은 언제나 옳으시다. 하나님은 언제나 정확하시다. 하나님은 언제나 우리를 사랑하신다.

1. 하나님의 공의가 의심될 때 주님의 심판을 생각하라.

　하나님은 당신의 모든 억울함을 다 갚아주실 것이다. 하나님은 당신의 모든 고난을 다 아시고 상급으로 주실 것이다.

2. 하나님의 공의가 의심될 때 영원히 변치 않으시는 하나님을 믿으라.

　하나님은 변함없는 사랑으로 당신을 사랑하신다. 우리는 하나님의 변함없는 사랑 때문에 반드시 이길 것이다.

"악을 행하는 자들 때문에 불평하지 말며 불의를 행하는 자들을 시기하지 말지어다. 그들은 풀과 같이 속히 베임을 당할 것이며 푸른 채소 같이 쇠잔할 것임이로다" (시 37:1-2).

"너희 곧 온 나라가 나의 것을 도둑질하였으므로 너희가 저주를 받았느니라. 만군의 여호와가
이르노라. 너희의 온전한 십일조를 창고에 들여 나의 집에 양식이 있게 하고 그것으로 나를 시
험하여 내가 하늘 문을 열고 너희에게 복을 쌓을 곳이 없도록 붓지 아니하나 보라"(말 3:9-10).

그런즉,
하나님에게로
돌아오라

하나님은 말라기 선지자를 통해 이스라엘 백성들에게 6가지 경고를 하신다. 이제 다섯 번째 경고가 나온다. 다섯 번째 경고는 하나님께로 돌아오라는 것이다.

"나 여호와는 변하지 아니하나니 그러므로 야곱의 자손들아 너희가 소멸되지 아니하느니라. 만군의 여호와가 이르노라. 너희 조상들의 날로부터 너희가 나의 규례를 떠나 지키지 아니하였도다. 그런즉 내게로 돌아오라. 그리하면 나도 너희에게로 돌아가리라 하였더니 너희가 이르기를 우리가 어떻게 하여야 돌아가리이까 하는도다"(말 3:6-7).

이스라엘 백성은 우상을 숭배하고 예배를 엉망으로 드리다가 결국 바벨론 포로로 끌려가고, 하나님의 특별한 은혜로 다시 유대 땅으로 돌아왔을 때 성전을 짓고 뜨겁게 예배를 드렸다. 그런데 조금 익숙해지자 또다시 우상 숭배를 하고 형식적인 예배를 드리며 살았다. 어쩌면 우리와 너무 비슷하지 않은가? 고난이 있으면 하나님을 찾고 조금 편하고 익숙해지면 또다시 하나님과 멀어지고 형식적인 예배를 드리는 것이 너무 비슷하다. 이렇게 변덕이 심한 우리에게 하나의 희망이 있는데 그것은 하나님은 변하지 않으신다는 것이다.

"나 여호와는 변하지 아니하나니"(말 3:6).

하나님은 우리를 한 번 사랑하시면 변함없이 사랑하신다. 하나님은 마치 누가복음 15장에 나오는 탕자의 비유에서 집 나간 아들이 돌아오길 기다리는 아버지와 같다. 아버지는 매일 대문을 활짝 열어 놓고 집 나간 아들을 기다리고 있다. 탕자는 아버지의 유산을 자기 마음대로 소비한 자이다. 그는 아버지의 유산이 다 사라지자 먹을 것이 없어서 돼지우리에 들어갔다. 유대인이 돼지와 함께 거닐었다는 것은 최고의 타락을 뜻한다.

탕자는 인생 밑바닥에 던져진 자다. 탕자는 내일에 대한 아무런 소망이 없는 자다. 탕자는 돼지우리에서 비참하게 살다가 더럽고 냄새나는 채로 아버지 집으로 돌아왔다. 아버지는 멀리 탕자가 오는 것을 보고 맨발로 뛰어나가 그 더럽고 냄새나는 아들을 와락 안아주었다. 그 아버지가 바로 하나님이시다. 하나님은 지금도 더럽고 냄새나는 자가 돌아오길 원하신다. 하나님은 지금도 실패한 자가 돌아오길 원하신다.

하나님께서 이스라엘 백성에게 돌아오라고 하셨다. 돌아오라는 것은 회개하고 삶의 태도를 바꾸라는 뜻이다. 그런데 그들은 "우리가 어떻게 하여야 돌아가리이까" 하며 퉁명스럽게 반문하였다. 이것은 자기 잘못을 인정하지 않는 것이다. 그래서 하나님은 그들의 잘못을 직접적으로 말씀하셨다.

"사람이 어찌 하나님의 것을 도둑질하겠느냐. 그러나 너희는 나의 것을 도둑질하고도 말하기를 우리가 어떻게 주의 것을 도둑질하였나이까 하는도다. 이는 곧 십일조와 봉헌물이라" (말 3:8).

하나님은 이미 말라기 1장에서 하나님께 예배드릴 때 눈먼 것,

다리를 저는 것, 병든 제물 드리는 것을 책망하셨고 예배드림이 번거롭고 시간 낭비라고 말하는 것에 대해 책망하셨다. 이제 하나님은 이스라엘 백성이 하나님을 향한 사랑이 식은 것을 조금 더 구체적으로 드러내신다. 하나님은 이스라엘 백성이 하나님의 것을 도둑질하였다고 말씀하신다. '도둑질'이라는 히브리 단어는 '빼앗는 것, 강제로 약탈하는 것'을 뜻한다.

이스라엘 백성은 하나님의 것을 도둑질하였다는 지적에 "우리가 어떻게 주의 것을 도둑질하였나이까?" 하며 양심에 아무런 찔림도 없이 그냥 뻔뻔스럽게 반문했다. 하나님께서 경고의 말씀을 하셔도 그들은 그 말씀을 들을 마음이 없었다. 그들은 평소에 십일조와 봉헌물을 드리지 않는 것이 죄인 줄도 모르는 영적으로 무감각한 자들이었다.

하나님은 그들의 도둑질은 십일조와 봉헌물이라고 구체적으로 말씀하신다. 봉헌물은 오늘날 절기 헌금과 감사헌금에 해당한다. 하나님은 십일조와 봉헌물을 도둑질한 결과로 그들이 저주받았다는 말을 덧붙이신다.

"너희 곧 온 나라가 나의 것을 도둑질하였으므로 너희가 저주를 받았느니라"(말 3:9).

하나님은 십일조와 봉헌물을 드리지 않는 것을 '나의 것'을 도둑질하였다고 말씀하신다. 이것을 조금 더 원어에 가깝게 번역한다면 하나님의 것을 도둑질하였다고 하기보다 하나님 그분 자체를 도둑질하였다는 것이다. 이스라엘 백성이 하나님의 것을 도둑질하였기에 저주를 받았다고 하나님은 말씀하신다. 여기의 '저주'는 비가 오지 않아 흉년이 드는 것, 열심히 농사를 지어도 수확 직전에 메뚜기가 와서 열매를 다 먹어 버리는 것, 포도를 심어도 수확하지 못하는 것을 뜻한다. 지금 이스라엘 백성이 가난하고 초라하게 살고 있는 이유가 바로 하나님의 저주를 받았기 때문이라고 말씀한다.

이제 하나님은 하나님께 다시 온전한 십일조를 드리면 복을 부어주겠다고 약속하신다.

"만군의 여호와가 이르노라 너희의 온전한 십일조를 창고에 들여 나의 집에 양식이 있게 하고 그것으로 나를 시험하여 내가 하늘 문을 열고 너희에게 복을 쌓을 곳이 없도록 붓지 아니하나 보라"(말 3:10).

십일조는 하나님의 집, 성전을 풍성하게 하는 것이다. 어떤 이는 자기가 개척교회나 선교지에 십일조를 한다. 그것은 자기 이름을 드러내는 것이고 자신이 하나님이 되는 일이다. 잘못된 것이다. 십일조는 내가 다니는 교회에 드려야 한다.

십일조가 사용되는 곳은 세 가지다. 첫째는 매년 드리는 십일조로 성전을 돌보는 제사장과 레위인에게 사용된다. 둘째는 성전에서 드리는 예배를 위해, 그리고 성전 보수를 위해 사용된다.

"내가 이스라엘의 십일조를 레위 자손에게 기업으로 다 주어서 그들이 하는 일 곧 회막에서 하는 일을 갚나니"(민 18:21).

셋째는 제2의 십일조를 내어 고아와 과부와 가난한 자를 위해 사용된다.

"셋째 해 곧 십일조를 드리는 해에 네 모든 소산의 십일조 내기를 마친 후에 그것을 레위인과 객과 고아와 과부에게 주어 네 성읍 안에서 먹고 배부르게 하라"(신 26:12).

하나님은 온전한 십일조를 드리는 자에게 하늘 문을 열고 복을 쌓을 곳이 없도록 부어 주시는지 아닌지 시험해 보라고 말씀하셨다. 성경에는 하나님을 시험하지 말라는 말씀이 많이 나온다. 그런데 딱 한 구절 십일조를 드린 후에 복을 주시는지 안 주시는지는 시험해 보라고 말씀하셨다. 이스라엘 사람들이 사는 팔레스타인은 비가 오지 않는 건조한 지역이다. 이스라엘에서 비는 곧 축복이다. 그래서 하늘 문을 연다는 표현은 풍성한 비를 내려 풍성하게 거둘 것이라는 뜻이다.

이제 하나님은 온전한 십일조를 드리는 자에겐 구체적으로 어떤 축복을 내리시는지 설명하신다.

"만군의 여호와가 이르노라. 내가 너희를 위하여 메뚜기를 금하여 너희 토지 소산을 먹어 없애지 못하게 하며 너희 밭의 포도나무 열매가 기한 전에 떨어지지 않게 하리니 너희 땅이 아름다워지므로 모든 이방인들이 너희를 복되다 하리라. 만군의 여호와의 말이니라"(말 3:11-12).

첫째는 십일조를 드리는 자에게는 황충이 없다고 말씀하셨다. 황충은 메뚜기를 말한다. 중근동지역의 농부가 두려워하는 것 중의 하나가 바로 메뚜기 떼의 습격이다. 아무리 열심히 농사지어도 메뚜기 떼가 오면 모두 망치게 된다. 하나님은 온전한 십일조를 드리는 자에겐 이런 병충해를 다 막아주신다고 말씀하신다.

내가 신대원을 졸업하고 중국교포 사역을 할 때 남대문 시장에서 보석 상점을 하는 한 권사님이 가끔 모임에 와서 중국 교포들을 위해 음식을 대접하였다. 그 권사님은 장사를 열심히 해서 돈을 벌어도 세 아이가 돌아가면서 병원에 다녀 돈이 모이지 않았다고 한다. 그런데 온전한 십일조를 한 후 세 아이가 병원 가는 일이 뚝 끊어졌고 지금은 재정이 많이 모였다고 간증하였다.

둘째는 밭의 포도나무 열매가 익기 전에 땅에 떨어지지 않게 해 주신다고 말씀하신다. 이것은 노력한 대로 다 열매를 맺게 되는 축복을 주신다는 말씀이다. 우리 주변에는 아무리 노력해도 열매를 얻지 못하는 자들이 가득하다. 일한 대로 열매를 맺는 것은 큰 축복이다.

셋째는 땅이 아름다워진다. 여기에 '아름답다'의 히브리어는 '기쁨이 넘친다, 즐거움이 가득하다'는 뜻이다. 세상 사람은 많은 돈을 벌어도 그 돈이 저주가 되어 자신이 속한 땅에 슬픔과 눈물이 멈추지 않게 된다. 그러나 온전한 십일조를 드리는 자에겐 풍성한 수확뿐만 아니라 그 사람이 사는 땅, 그 가정이 기쁨이 넘치고 즐거움이 넘치게 된다는 말씀이다.

나는 본문 말씀을 통해 두 가지 메시지를 나누고자 한다.

첫 번째, 십일조는
하나님의 주권을 인정하는 믿음이다.

하나님은 온 우주 만물을 다 만드신 창조주이시다.

"태초에 하나님이 천지를 창조하시니라"(창 1:1).

하나님께서 천지를 다 창조하셨기에 이 땅의 모든 게 다 하나
님의 것이다.

"땅과 거기 충만한 것과 세계와 그 중에 거하는 자가 다 여호와
의 것이로다"(시 24:1).
"이는 만물이 주에게서 나오고 주로 말미암고 주에게로 돌아
감이라"(롬 11:36).

하나님은 창조주이시고 우리는 그분이 만드신 피조물이다. 다
시 말하면 내 인생의 주인은 내가 아니라 하나님이시다.

"야곱아 너를 창조하신 여호와께서 지금 말씀하시느니라. 이

스라엘아 너를 지으신 이가 말씀하시느니라. …내가 너를 지
명하여 불렀나니 너는 내 것이라"(사 43:1).

우리는 분명히 기억해야 한다. 나는 내 것이 아니라 하나님의
것이다. 내 인생도 내 것이 아니라 하나님의 것이다.

하늘과 땅을 다 만드신 하나님은 아담에게 하나님께서 만드신
모든 것은 다 마음대로 먹어도 되지만 선악과만 먹지 말라고 하
셨다. 그 말씀에 순종하는 것으로 하나님이 창조주이심을 표현하
는 것이다. 그러나 아담은 선악과를 먹는 불순종으로 하나님을
창조주로 인정하지 않고 자기가 주인이 되려는 죄를 범했다. 아
담의 불순종으로 아담은 에덴동산에서 쫓겨나고 저주를 받았다.
인류의 불행은 하나님을 주인으로 모시지 않고 내가 주인이 되어
내 마음대로 사는 것으로 시작되었다.

아담 이후 하나님은 십일조를 통해 하나님을 하나님으로 인정
하는지 알기를 원하신다.

"그 땅의 십분의 일 곧 그 땅의 곡식이나 나무의 열매는 그 십
분의 일은 여호와의 것이니 여호와의 성물이라"(레 27:30).
"네 토지에서 처음 거둔 열매의 가장 좋은 것을 가져다가 너의

하나님 여호와의 전에 드릴지니라"(출 23:19).

"네 재물과 네 소산물의 처음 익은 열매로 여호와를 공경하라"
(잠 3:9).

"너는 마땅히 매 년 토지 소산의 십일조를 드릴 것이며… 네 곡
식과 포도주와 기름의 십일조를 먹으며"(신 14:22-23).

성경은 마땅히 십일조를 드리라고 말씀하고 있다. 십일조는 하
나님의 것이다. 말라기에서는 십일조를 드리지 않는 사람은 하나
님의 것을 훔치는 도둑이라고 말씀한다. 어떤 이는 십일조가 구
약의 율법이니 지금을 지킬 필요가 없다고 말한다. 신약의 예수
님은 십일조를 패한 율법이라고 말씀하시지 않고 지금도 행해야
함을 말씀하셨다.

"화 있을진저 너희 바리새인이여. 너희가 박하와 운향과 모든
채소의 십일조는 드리되 공의와 하나님께 대한 사랑은 버리는
도다. 그러나 이것도 행하고 저것도 버리지 말아야 할지니라"
(눅 11:42).

예수님 이후 초대교회에는 십일조를 하라는 말씀이 나오지 않

는다. 그 이유는 초대교회 교인들은 십일조 정도가 아니라 아예 자기 재산을 다 드리는 엄청난 헌금을 하였기 때문이다. 십일조는 우리의 소유 중에서 일부분을 떼서 드리는 것이 아니다. 원래 하나님의 것을 하나님에게 먼저 되돌려 드리는 것이다. 십일조는 쓰고 남은 것을 드리는 것이 아니라 먼저 하나님의 것을 하나님께 드리는 믿음의 표현이다.

믿음은 행위가 따르지 않으면 죽은 믿음이다. 하나님은 돈이 필요한 분이 아니시다. 그런데 왜 하나님은 십일조를 요구하시는가? 하나님의 주권을 인정하는 표현을 하라는 것이다. 하나님의 주권을 인정하는 표현이 바로 십일조이다. 물질이 있는 곳에 마음이 있다. 예수님은 "네 보물 있는 그 곳에는 네 마음도 있느니라"(마 6:21)라고 말씀하셨다. 하나님에게 마음이 있다면 당연히 하나님께 물질을 드릴 것이다.

남편이 아내를 사랑한다고 말하면서 월급을 받아 다른 여자에게 준다면 그 사랑은 가짜이다. 아내를 사랑하는 제일 중요한 표현은 월급을 아내에게 주는 것이다. 돈을 주지 않고 사랑한다는 말은 다 가짜이다. 하나님을 사랑한다고 말만 하고 십일조를 드리지 않는 것은 하나님에게 마음이 없다는 것이다. 십일조를 드리는데 아깝다는 마음이 든다면 하나님을 향한 사랑이 없다는 것이다. 남편이 아내에게 돈을 주면서 아깝다는 생각이 든다면 그 사랑도 가짜이다.

하나님은 이스라엘 백성이 예배를 드리긴 하는데 형식적인 예배를 드리고 십일조도 드리지 않는 것을 보시고 하나님에게로 돌아오라고 말씀하셨다. 하나님은 십일조를 드리지 않는 그들에게 "너희는 내 것을 도둑질하였다"는 아주 심한 표현까지 하셨다.

내가 받은 월급으로 사는 것도 빠듯한데 십일조까지 꼭 드려야 하는가? 십일조는 하나님께 내 마음을 드리는 일이다. 십일조는 하나님을 향한 믿음 없이는 할 수 없다. 하나님은 하나님께 마음을 드리는 자를 기뻐하신다. 다윗은 하나님의 마음에 꼭 맞는 사람이라는 말을 들었는데, 그 이유가 무엇인가?

"다윗을 왕으로 세우시고 증언하여 이르시되 내가 이새의 아들 다윗을 만나니 내 마음에 맞는 사람이라. 내 뜻을 다 이루리라 하시더니"(행 13:22).

다윗은 목동으로 있을 때 이미 매 순간 하나님을 예배하는 자였다. 그는 떠오르는 태양을 보고 예배하였고 밤하늘의 별들을 보며 예배하였다. 다윗이 왕이 되어서도 그의 최고 관심은 하나님을 예배하는 것이었다. 그는 법궤가 예루살렘 성으로 돌아올 때 바지가 다 내려오도록 춤을 추었다. 그는 하나님을 사랑했다. 그는 하나님이 좋았다. 그는 하나님 덕분에 행복했다. 그의 마음은 언제나 하나님께 가 있었다.

다윗이 왕이 되었을 때 그의 관심은 더 많은 영토, 더 많은 권력이나 권세를 쥐는 것이 아니라 성전을 짓는 일이었다. 그는 평생 모은 재산을 성전을 짓는 데 사용하게 하였다. 다윗은 십일조 정도가 아니다. 그의 전부를 하나님께 드린 자이다. 이런 다윗을 하나님께서 내 마음에 맞는 사람이라고 하시는 것은 당연하지 않겠는가? 하나님은 우리에게 십일조라는 재물을 원하시는 것이 아니라 우리 마음을 원하신다. 다윗은 죽기 직전에 그의 아들 솔로몬에게 이런 말을 남겼다.

"내 아들 솔로몬아. 너는 네 아버지의 하나님을 알고 온전한 마음과 기쁜 뜻으로 섬길지어다. 여호와께서는 모든 마음을 감찰하사 모든 의도를 아시나니 네가 만일 그를 찾으면 만날 것이요 만일 네가 그를 버리면 그가 너를 영원히 버리시리라" (대상 28:9).

당신의 마음을 세상 재물 모으는 데 두지 말고 하나님께 드리는 데 두길 바란다. 하나님께 우리 마음을 드리는 표현의 가장 기본이 십일조다. 십일조는 기쁘게 자원하는 마음으로 드려야 한다.

"이것이 곧 적게 심는 자는 적게 거두고… 각각 그 마음에 정한 대로 할 것이요. 인색함으로나 억지로 하지 말지니 하나님은 즐겨 내는 자를 사랑하시느니라"(고후 9:6-7).

당신에게 온전한 마음으로 온전한 십일조를 드리는 믿음이 있길 바란다.

멘소래담이라는 약이 있다. 삔 데, 타박상, 근육통, 어깨 결림, 피부 가려움, 벌레 물린 데 등에 바르는 피부 소염진통제다. 멘소래담의 개발자는 앨버트 알렉산더 하이드다. 약사였던 그는 처음에 서점을 운영했는데 미국 경제공황 때 망하면서 10만 달러의 빚을 지게 되었다. 자녀는 아홉 명이나 되었고 살길이 막막했다. 그래서 찾아간 곳이 어릴 때 다녔던 교회였다.

그는 기도 중에 몇 가지가 생각이 났다. 언제부터인가 자신이 바쁘다는 핑계로 예배를 형식적으로 드리고 있음이 생각났다. 기도도 엉망이고 십일조도 엉망으로 하고 있었다. 그러다 자신이 망한 것이 경제공황 때문이 아니라 하나님이 자신에게 무언가를 말씀하고 계신다는 것을 알아차렸다. 그래서 자기 재산을 팔아서 하나님께 십일조를 드렸다. 그러자 직원들이 "이건 경제원칙에 어긋난다. 빚부터 갚아야 하지 않나? 십일조부터 하는 것은 너무 어리석다"고 비난했다. 하이드는 "나는 지금 도둑질한 것을 먼저 상환하는 중이다. 은행 빚은 아직 시간이 있다. 먼저 하나님의 것을 되돌려 드리는 것이 더 급하고 중요하다"라고 말했다.

하이드는 생활이 훨씬 더 어려웠지만 하나님의 것을 먼저 청산하고 나머지로 조금씩 정리한 후에 뉴욕에 가서 의약품 제조회사인 '멘소래담'을 세우면서 언 손에 바르는 약인 멘소래담을 개발하게 되었다. 그게 대박이 났다. 그는 수입이 늘어나면 늘어날수록 십의 이조, 십의 삼조, 십의 사조, 십의 구조까지 드렸다.

후에 하이드는 "십일조는 해도 되고 안 해도 되는 선택사항이 아니다. 십일조는 하나님의 분명한 명령이다. 그 명령에 넘치도록 순종한다면 하나님은 분명히 축복해 주신다"라고 간증했다. 그는 철저하게 십일조 생활을 하면서 YMCA에 수천만 달러를 기부했고, 87세로 죽을 때는 1백50억이 넘는 돈을 선교 사업을 위해 내놓았다.

십일조는 "내가 가진 모든 게 다 하나님의 것입니다"라는 믿음의 표현이다. 십일조를 하지 않는 자는 아무리 교회를 오래 다녀도 믿음이 자라지 않는다. 믿음은 믿음으로 행동할 때 믿음이 자란다. 십일조는 하나님의 말씀에 순종하는 것이다. 십일조는 믿음의 표현이다. 십일조는 내 마음을 하나님께 드리는 것이다.

두 번째, 십일조를 드리는 자에겐
축복이 약속되어 있다.

하나님은 왜 이스라엘 백성에게 십일조를 드리지 않는 자는 도둑질하는 것이라고 하시면서 하나님께 돌아오라고 하시는가? 하나님은 그들이 십일조를 드리지 않아서 가난과 저주 속에 살아가는 것이 너무 안타까워서 말씀하신 것이다. 십일조를 하지 않는 이들은 지금 자기가 돈이 없어서 드릴 수 없다고 말한다. 아니다. 없어서 드리지 않는 것이 아니라 드리지 않아서 없어진 것이다. 십일조에는 하나님의 축복이 약속되어 있다. 하나님은 하나님께서 약속하신 것은 반드시 이루신다.

말라기 3장 10절에서는 온전한 십일조를 하는 자에겐 하늘 문이 열리고 쌓을 곳이 없을 만큼 복을 부어주겠다고 약속하셨다.

> "만군의 여호와가 이르노라. 너희의 온전한 십일조를 창고에
> 들여 나의 집에 양식이 있게 하고 그것으로 나를 시험하여 내
> 가 하늘 문을 열고 너희에게 복을 쌓을 곳이 없도록 붓지 아니
> 하나 보라"(말 3:10).

하늘 문이 열린 적이 딱 한 번 있었다. 노아의 대홍수 때였다.
하나님은 온전한 십일조를 하는 자에겐 노아의 대홍수만큼 부어
주시겠다고 약속하셨다. 조건이 있다면 온전한 십일조가 아니다.
형식적인 십일조와 온전한 십일조는 다른 것이다. 당신이 정말
십일조의 축복을 받길 원한다면 온전한 십일조를 드려야 한다.
잠언 3장 9~10절에서는 십일조를 하는 자의 창고가 가득 넘치게
된다고 말씀한다.

> "네 재물과 네 소산물의 처음 익은 열매로 여호와를 공경하라.
> 그리하면 네 창고가 가득히 차고 네 포도즙 틀에 새 포도즙이
> 넘치리라"(잠 3:9-10).

온 우주에는 자연의 법칙이 있다. 물은 위에서 아래로 흐른다. 겨울이 가면 봄이 온다. 밤이 지나가면 아침이 온다. 돈에도 하나님이 만드신 법칙이 있다. 그것은 십일조다. 십일조는 하늘의 축복이 부어지는 통로이다.

한국도자기의 창업주인 고 김종호 장로님의 십일조 예화는 참 유명하다. 당시 그릇 가게를 하던 시절에 돈을 많이 벌었다. 항상 십일조를 드릴 때, 헌금 봉투에 새 돈을 추려서 십일조보다 더 많이 준비했는데 그렇게 돈을 구분하는 것을 보고 당시 고등학생이던 첫째 아들 동수가 "아빠, 성경에는 10분의 1만 드리라 했는데 너무 많이 헌금하는 거 아녜요?" 그러자 김종호 장로님은 "하나님 나라의 법칙은 그런 게 아니다. 성경에 '네 믿음대로 될지어다' 라는 말씀도 있고 '하나님은 즐겨 내는 자를 사랑하신다' 는 말씀도 있다. 이거 내 거 아니다. 하나님이 잠시 맡긴 건데…. 그래서 나는 다시 심는 중이다." 하나님은 그런 김종호 장로님의 믿음을 보시고 한국도자기(주)에 축복하셔서 세계적인 기업으로 성장하게 하셨다.

당신의 자녀가 재정에 어려움이 없는 풍성한 삶을 살기 원하는가? 그렇다면 당신의 자녀에게 십일조를 가르치라. 십일조를 배울 수 있는 최고의 장소는 가정이다. 십일조를 드리는 자에겐 분명한 축복이 약속되어 있다. 당신의 재정이 어려운가? 하나님께 온전한 십일조를 드리겠다고 결단하라. 하나님은 하나님께 신실한 자들을 절대 잊지 않으신다.

말라기 시대의 이스라엘 백성들은 형식적인 예배만 드렸고 십일조를 드리지 않았다. 그래서 성전에서 일하는 제사장들과 레위인들이 성전을 버리고 도망갔다. 결국 예배가 엉망이 된 것이다.

하나님께서 십일조를 거론하시는 것은 예배의 회복을 원하신 것이다. 예배가 시들해지고 형식적으로 되어 가면 우리의 인생도 무너진다. 당신의 인생을 새롭게 시작하길 원하는가? 예배를 회복하고 하나님께로 돌아오라. 예배는 설교를 듣는 것이 아니라 내 몸과 마음과 물질을 하나님께 드리는 것이다. 무늬만 예수를 믿는 자가 되어 세상 따라, 돈 따라 가지 말라. 온 마음을 다해 전심으로 예배드리라. 열정적으로 하나님을 사랑하라. 그래서 하나님의 눈에 띄는 자가 되라. 하나님은 냉담하고 미지근한 마음으로 예배드리는 자를 싫어하시고 열정적으로 예배드리는 자를 좋아하신다.

1. 십일조는 하나님의 주권을 인정하는 믿음이다.

　　당신의 마음이 하나님께로 돌아왔다는 표현은 십일조로 시작된다. 하나님을 믿는다고 하면서 십일조를 하지 않는 자는 하나님께 마음이 없는 자이다. 십일조는 하나님의 것을 하나님께 드리는 믿음이다. 십일조는 하나님이 살아계신 것을 믿는 믿음이다. 십일조는 하나님의 말씀에 순종하는 믿음의 표현이다.

2. 십일조를 드리는 자에겐 축복이 약속되어 있다.

　　온전한 십일조를 드리는 자에겐 하늘 문을 열고 축복을 부어주신다. 하나님은 약속한 것을 반드시 이루신다.

　　　"이것이 곧 적게 심는 자는 적게 거두고 많이 심는 자는 많이 거둔다 하는 말이로다"(고후 9:6).

　　세상 모든 농부는 수확하기 위해 씨앗을 뿌려야 한다는 것을 알고 있다. 성경은 뿌린 대로 거둔다고 말씀하고 있다. 당신의 재정에 하나님께서 간섭해 주시길 원하는가? 내 노력이 아닌 하나님의 말씀에 순종하라.

"그 때에 여호와를 경외하는 자들이 피차에 말하매 여호와께서 그것을 분명히 들으시고 여호와를 경외하는 자와 그 이름을 존중히 여기는 자를 위하여 여호와 앞에 있는 기념책에 기록하셨느니라"(말 3:16).

하나님을
섬기는 것이
헛되다고
말하지 말라

말라기는 구약의 마지막 책으로 구약 전체의 결론이며 우리 신앙
의 가장 기본을 다시 든든히 세우는 너무나 소중한 말씀이다. 말
라기는 6가지 경고가 나오는데 오늘 말씀이 마지막 6번째 경고
다. 당신은 궁금하지 않은가? 구약성경 전체를 결론짓는 마지막
책의 마지막 경고의 말씀은 무엇일까?

　먼저 이스라엘 사람들이 하나님을 섬기는 것이 무슨 소용이 있
겠냐고 말하는 것이 나온다.

　"여호와가 이르노라. 너희가 완악한 말로 나를 대적하고도 이
　르기를 우리가 무슨 말로 주를 대적하였나이까 하는도다. 이
　는 너희가 말하기를 하나님을 섬기는 것이 헛되니 만군의 여

호와 앞에서 그 명령을 지키며 슬프게 행하는 것이 무엇이 유익하리요"(말 3:13-14).

말라기 시대의 이스라엘 사람들은 하나님을 섬겨보았자 무슨 소용이 있느냐며 다 헛된 일, 소용없는 일이라고 말한다. 또 그들은 하나님의 명령, 즉 율법을 지키고 슬프게 울며 회개한들 무슨 유익이 있냐고 불평하며 투덜거린다. 하나님은 이런 말이 하나님을 대적하는 죄라고 지적하신다. 그들은 더 나아가 하나님을 섬기는 것보다 아예 불신자가 더 낫다고 말한다. 15절을 보자.

"지금 우리는 교만한 자가 복되다 하며 악을 행하는 자가 번성하며 하나님을 시험하는 자가 화를 면한다 하노라 함이라"(말 3:15).

이스라엘 백성은 "하나님, 교만한 자가 더 잘되고 거짓말하고 도둑질하고 악한 행동을 하는 자가 더 잘살고 하나님의 한계를 시험하는 자도 별 탈 없이 잘 삽니다"라고 말하고 있다. 우리도 이런 불평이 있을 때가 있다.

"하나님을 섬긴다고 무슨 소용이 있느냐? 하나님을 섬기는 것은 쓸데없는 일이다.”

“기도한다고 뭐가 달라지느냐? 기도해 봤자 다 똑같다.”

“불신자들은 거짓말하고 남을 속여도 잘만 사는구나.”

하나님을 믿어도 소용이 없다는 냉소주의의 비아냥거림에 속지 말고 우리를 향한 하나님의 선한 계획을 기대하길 바란다. 당장 눈에 보이는 것으로 상황을 판단하지 말라. 지금 당장 축복이 없다 해도 하나님을 섬기는 것은 모두 축복이 될 것이다. 이제 하나님은 하나님을 경외하며 사는 자에게 주시는 복을 말씀하신다.

첫 번째, 하나님은 하나님을 경외하는 자들의 말을
분명히 들으시고 기념책에 기록하신다.

“그 때에 여호와를 경외하는 자들이 피차에 말하매 여호와께서 그것을 분명히 들으시고 여호와를 경외하는 자와 그 이름을 존중히 여기는 자를 위하여 여호와 앞에 있는 기념책에 기록하셨느니라”(말 3:16).

페르시아의 속국으로 살아가는 이스라엘 백성은 하나님을 섬겨도 소용이 없다는 냉소주의자, 불평주의자가 대부분인 그때에도 하나님을 경외하는 소수의 사람이 있었다. 하나님은 하나님을 경외하며 사는 자들끼리 피차 하는 말을 들으신다고 말씀한다.

먼저 하나님을 경외한다는 것이 무슨 뜻일까? 하나님을 경외한다는 것은 하나님을 존경하는 마음으로 가지는 두려움을 말한다. 쉽게 말하면 하나님을 향한 공포의 두려움이 아닌 거룩한 두려움, 좋은 두려움을 뜻한다. 하나님은 하나님을 향한 좋은 두려움을 가지고 사는 자들끼리 하는 말, 즉 피차 서로 격려하는 것을 분명히 들으시고 하나님 앞에 있는 기념책에 다 기록하신다.

하나님 앞에는 생명책도 있고 기념책도 있다. 계시록 3장 5절에 나오는 생명책은 우리 구원받을 자의 이름이 기록된 책이다. 말라기 3장 16절에 나오는 기념책에 기록되는 것은 두 가지다.

첫 번째로 기념책에 기록되는 것은 하나님을 경외하는 자들이 피차 말하는 것이다. 그렇다면 하나님을 경외하는 자들이 피차 말하는 것이 무엇일까? 말라기 시대에 사는 대부분 이스라엘 사람은 형식적이고 습관적인 예배를 드리고 세상과 타협하며 살았다. 그러나 그들과는 달리 하나님을 경외하는 자들은 소수의 남은 자였지만 "우리는 믿음으로 말씀대로 살고 예배를 살리자"라는 말로 서로 격려하였을 것이다. 하나님은 하나님을 경외하는 자들이 서로 격려하는 말을 기념책에 기록하겠다고 말씀하셨다.

이것은 하나님께서 성도의 믿음의 교제를 얼마나 중요하게 여기시는지를 보여준다. 나라를 위해 죽은 자들은 국립묘지 현충원에 시신을 묻고 그들의 숭고한 헌신을 기념한다. 국가가 만든 기념비도 영광인데 하나님이 만드신 기념책에 기록되는 것은 영원한 영광이 될 것이다.

신약성경에는 초대교회 교인들끼리 서로 격려하고 세우라는 말씀이 기록되었다. 그들의 초대교회 공동체를 든든히 세우기 위함이다.

"그러므로 피차 권면하고 서로 덕을 세우기를 너희가 하는 것 같이 하라"(살전 5:11).

믿음은 혼자 지킬 수 없다. 혼자 예배드리고 사라져서는 안 된다. 꼭 셀 안에 들어가서 서로 믿음을 견고히 세워야 한다.

"당신은 나에게 힘이 됩니다."

"나는 당신 때문에 힘을 얻습니다."

"당신은 소중한 사람입니다."

믿음이 약한 자는 흔들리지 않는 믿음을 가진 자의 격려로 믿음이 든든히 세워진다. 당신이 당신 주위의 교우들에게 믿음을 주는 자가 되길 바란다. 그 격려의 행동은 모두 하나님의 기념책에 기록될 것이다.

두 번째로 하나님의 기념책에 기록되는 것은 하나님을 경외하는 자와 하나님의 이름을 존중히 여기는 것이다. 하나님의 이름을 존중히 여기는 것은 하나님을 높이기 위해 행한 모든 것을 말한다. 즉 주를 위해 섬긴 모든 것을 말한다. 당신이 주를 위해 물 한 컵이라도 섬겼다면 그것은 모두 하나님의 기념책에 다 기록될 것이다. 그러므로 주를 위한 섬김은 하찮거나 작은 섬김이 없다. 주를 위한 모든 섬김은 소중한 것이다.

"그러므로 내 사랑하는 형제들아, 견실하며 흔들리지 말고 항상 주의 일에 더욱 힘쓰는 자들이 되라. 이는 너희 수고가 주 안에서 헛되지 않은 줄 앎이라"(고전 15:58).

우리는 자칫 잘못하면 자기 유익만을 위해 살다 인생을 허무하게 마칠 수 있다. 우리에게 주를 위해 섬길 시간과 기회가 주어진다는 것은 축복이다. 성경에는 주를 위해 섬긴 자들의 기록이 가득하다. 구레네 시몬은 예수님이 십자가를 지시고 골고다로 가실 때에 로마 병정들에 의해 억지로 예수님 대신 십자가를 지고 갔다. 하나님은 그 억지로 섬긴 섬김도 성경에 기록하시고 그 구레네 시몬의 아들 알렉산더와 루포를 사도 바울의 영적인 아들로 만들어 주셨다.

> "마침 알렉산더와 루포의 아버지인 구레네 사람 시몬이 시골로부터 와서 지나가는데 그들이 그를 억지로 같이 가게 하여 예수의 십자가를 지우고"(막 15:21).
> "주 안에서 택하심을 입은 루포와 그의 어머니에게 문안하라. 그의 어머니는 곧 내 어머니니라"(롬 16:13).

주를 위해 행동한 것은 성경에 기록되어 모든 사람이 읽고 알게 한다. 당신이 주를 위해 행한 모든 섬김은 하늘에 있는 기념책에 기록하여 영원히 남게 하실 것이다.

선교사가 이집트에서 6년 동안 선교했어도 예수를 믿는 자가 한 명도 없었지만 안식년을 마치고 또다시 이집트로 돌아가서 선교하기로 결심하는 것은 주를 위한 섬김을 모두 하나님께서 아신다는 것을 믿기 때문이다. 당신이 주를 위해 셀리더로, 교사로, 식당 봉사로, 주차 봉사로, 찬양대로 섬김이 비록 힘들고 어려워도 계속 섬길 수 있는 이유도 하나님께서 다 아시기 때문이다. 당신이 없는 재정을 아껴서 힘들게 드림도 하나님께서 다 아시기 때문이다. 하나님은 당신의 모든 섬김을 다 보고 계신다.

"백성 중의 어리석은 자들아. 너희는 생각하라. 무지한 자들아 너희가 언제나 지혜로울까. 귀를 지으신 이가 듣지 아니하시랴. 눈을 만드신 이가 보지 아니하시랴"(시 94:8-9).

모든 사람이 당신의 섬김을 알지 못한다 해도 주를 위해 섬기라. 주님은 다 보고 계시고 다 아신다. "하나님을 위한 섬김이 소용이 없다"고 불신자나 교회 안에 있는 냉소주의자가 하는 말을 듣지 말라. 하나님을 위한 모든 섬김은 다 기념책에 기록하시겠다고 하나님은 말씀하신다. 믿음이 있다고 말하면서 주를 위한 섬김이 없다면 내가 정말 천국이 있음을 믿는지 의심해 보아야 한다. 주를 위한 섬김은 내 인생을 정말 부유하게 만들어 주고 하나님의 기념책에 기록되게 해준다. 우리는 나 혼자 잘 먹고 잘 살기 위해 태어난 게 아니다. 무엇인가 주를 위해 선한 일을 하기 위해 태어났다.

"우리는 그가 만드신 바라. 그리스도 예수 안에서 선한 일을 위하여 지으심을 받은 자니 이 일은 하나님이 전에 예비하사 우리로 그 가운데서 행하게 하려 하심이니라"(엡 2:10).

나를 위해 사는 인생은 점점 이기적으로 되고 인생 자체가 점점 쪼그라들고 줄어들지만 주를 위해 살면 인생은 점점 커지고 위대해진다. 교회에 다닌다고 다 같은 교인이 아니다. 하나님의 기념책에 기록이 가득한 교인이 있는가 하면 아무 기록도 없는 자도 있다. 주를 위한 당신의 섬김이 영원히 기록된다는 것을 기억하라. 당신의 그 섬김은 천국에서 해처럼 빛나게 될 것이다.

두 번째, 하나님은 하나님을 경외하는 자를
하나님의 특별한 소유로 삼고 아끼신다.

하나님을 경외하는 자, 즉 하나님을 존중하고 하나님을 향한 좋은 두려움을 가지고 사는 자는 하나님의 기념책에 기록될 뿐만 아니라 하나님의 또 다른 축복을 받는다.

"만군의 여호와가 이르노라. 나는 내가 정한 날에 그들을 나의 특별한 소유로 삼을 것이요. 또 사람이 자기를 섬기는 아들을 아낌 같이 내가 그들을 아끼리니 그 때에 너희가 돌아와서 의인과 악인을 분별하고 하나님을 섬기는 자와 섬기지 아니하는 자를 분별하리라"(말 3:17-18).

하나님은 하나님을 경외하는 자를 하나님의 특별한 소유로 삼으신다. 여기에 '특별한 소유물'은 '특별한 보석'을 뜻한다. 자매들은 소중한 보석을 보석함에 넣어 잘 보관한다. 하나님은 하나님을 경외하는 자를 하나님의 보석함에 넣어 두었다가 하나님의 비밀병기로 사용하신다. 이 책을 읽는 모든 분이 하나님의 특별한 보석이 되길 바란다. 비싼 보석은 중고가 없다는 것 아는가? 하나님의 보석은 아무리 오래되어도 중고가 없다. 하나님은 하나님을 경외하는 자를 보석처럼 특별한 소유로 삼고 아끼신다고 말씀하신다.

오늘 본문을 잘 살펴보면 하나님을 경외하는 것과 하나님을 섬기는 것을 병행하며 사용하는 것을 알 수 있다. 하나님을 믿는 자는 다 하나님의 자녀이지만 하나님을 위해 섬기는 자를 하나님은 더 귀히 여기고 더 아끼신다. 아낀다는 말은 항상 보호하고 지켜

주신다는 뜻이다.

성경에는 하나님을 경외하여 하나님의 아끼심을 받고 보호하심을 받은 자들이 가득하다. 요셉은 특별한 잘못도 없는데 형들의 미움을 받아 애굽의 노예로 팔려 갔다. 그러나 요셉은 하나님을 원망하거나 불평하지 않았다. 그는 여전히 하나님을 경외하며 하루하루 최선을 다해 살았다. 요셉은 애굽의 시위대장 보디발의 총애를 받아 그 집의 총무가 되었다. 어느 날 아무도 보지 않는 곳에서 보디발의 부인이 그를 유혹하였다. 요셉은 그 유혹을 떨치고 나오면서 이런 말을 하였다. "내가 어찌 이 큰 악을 행하여 하나님께 죄를 지으리이까"(창 39:9).

아무도 보는 이가 없지만 하나님이 보고 계심을 알고 의롭게 행동하는 것이 하나님을 경외하는 것이다. 성적인 죄는 다 하나님이 보고 계신다는 하나님을 향한 경외심이 없어서 생기는 것이다. 이 일로 요셉은 억울하게 감옥에 들어갔지만 하나님은 요셉을 여전히 귀히 여기시고 보호하며 아끼신다. 요셉은 하나님의 아끼심으로 감옥에 들어가도 천한 자들이 들어가는 감옥이 아니라 국가 최고 고위 간부가 들어가는 감옥에 들어가게 하셨고, 또 그 감옥이 디딤돌이 되어 애굽의 총리가 되게 하셨다.

모세 시대에 애굽의 바로왕은 노예인 이스라엘 백성의 숫자가 많아지는 것을 두려워하여 이스라엘 산파를 불러 이스라엘 사람들이 아기를 낳을 때 남자아이면 다 죽이라고 명령하였다. 그러나 산파들은 하나님을 두려워하여 남자아이를 다 살렸다.

"그러나 산파들이 하나님을 두려워하여 애굽 왕의 명령을 어기고 남자 아기들을 살린지라"(출 1:17).

산파들이 눈에 보이는 애굽 왕을 두려워하기보다 눈에 보이지 않는 하나님을 두려워한 게 바로 하나님을 경외한 것이다. 하나님은 이런 산파들을 보호하시고 그들의 집안을 흥왕하게 해주셨다.

"그 산파들은 하나님을 경외하였으므로 하나님이 그들의 집안을 흥왕하게 하신지라"(출 1:21).

하나님은 산파들이 하나님을 경외하였기 때문에 그들의 집안이 잘되는 축복을 주셨다.

다니엘은 귀족 집안의 아들이었다. 그의 나이 17세쯤에 이스라엘 나라가 무너지고 바벨론 포로로 끌려갔는데 바벨론 왕이 내리는 음식을 거절하였다. 이방 신전에 드려진 음식이기 때문이다.

다니엘은 마음에 뜻을 정하여 음식으로 자기 몸이 더러워지는 것을 거부하였다.

> "다니엘은 뜻을 정하여 왕의 음식과 그가 마시는 포도주로 자기를 더럽히지 아니하리라 하고 자기를 더럽히지 아니하도록 환관장에게 구하니"(단 1:8).

이런 행위는 하나님을 경외하였기 때문이다. 그 일로 다니엘은 바벨론 왕궁에서 추방되거나 감옥에 들어갈 수도 있었다. 그러나 하나님은 은혜를 베푸셔서 다니엘을 보호해 주셨다.

> "하나님이 다니엘로 하여금 환관장에게 은혜와 긍휼을 얻게 하신지라"(단 1:9).

다니엘이 바벨론 왕의 진미를 먹지 않고 채식만 하겠다고 하였을 때 당연히 화를 내어야 할 환관장이 화를 내지 않고 왠지 모르게 그냥 다니엘을 좋게 여겼다. 이것은 바로 하나님께서 다니엘을 아꼈기 때문이다. 열흘 후에 보니 채식만 먹은 다니엘이 고기를 먹은 다른 소년들보다 더 얼굴에 윤기가 있었다. 이것 또한 하나님께서 베푸신 은혜다. 하나님은 이 일로 다니엘에게 전에 없었던 지혜를 열 배나 부어주셨다.

> "왕이 그들에게 모든 일을 묻는 중에 그 지혜와 총명이 온 나라 박수와 술객보다 십 배나 나은 줄을 아니라"(단 1:20).

하나님은 지금도 이름도 빛도 없이 숨은 곳에서 하나님을 경외하며 사는 자들을 보호하고 아끼시며 그들에게 특별한 은혜를 베푸신다. 하나님은 지금도 하나님을 경외하는 소수의 사람을 통해 세계 역사를 움직여 가신다. 하나님은 하나님을 경외하는 자를 귀히 여기고 아끼신다. 당신이 바로 하나님이 아끼시는 그가 되길 바란다. 하나님이 아끼는 자는 세상 누구도 건드릴 수 없고 그가 가는 길을 아무도 막을 수 없다.

세 번째, 하나님은 하나님을
경외하는 자에게 승리를 주신다.

말라기 4장 1~3절까지는 원래 히브리 성경 맛소라 사본에는 3

장 후반부로 3장과 연결이 되어 있다. 내용으로도 3장과 연결되어 있다. 하나님은 이스라엘 사람 중에 "하나님을 섬기는 것이 무슨 소용이 있느냐 무슨 유익이 있느냐" 하는 교만하고 악한 자들을 모두 불에 타는 지푸라기처럼 태워버리겠다는 무서운 말씀을 하신다.

"만군의 여호와가 이르노라. 보라 용광로 불같은 날이 이르리니 교만한 자와 악을 행하는 자는 다 지푸라기 같을 것이라. 그 이르는 날에 그들을 살라 그 뿌리와 가지를 남기지 아니할 것이로되"(말 4:1).

말라기 선지자는 말라기서에서 하나님을 소개할 때 언제나 '만군의 여호와' 라는 단어를 사용한다. 말라기서는 총 4장으로 되어 있는데 만군의 여호와라는 단어는 22번이나 나온다. 말라기서에 나오는 만군의 여호와는 온 우주를 만드신 창조주 하나님이 인류 마지막 때에 심판주로 오실 것을 말씀하는 것이다. 마지막 날에는 하나님께서 불로 심판하시고 교만한 자와 악한 자들은 다 지푸라기처럼 불타게 된다.

이 세상의 성공이 진짜 성공이 아니다. 아무리 큰 성공이라도

다 일시적일 뿐이다. 일시적인 성공은 진짜 성공이 아니며 일시적인 축복은 진짜 축복이 아니다. 일시적인 성공과 일시적인 축복은 하나님의 심판 때 순식간에 지푸라기가 불타듯 사라질 것이다. 우리의 인생에는 반드시 심판이 있다.

> "한번 죽는 것은 사람에게 정해진 것이요 그 후에는 심판이 있으리니"(히 9:27).

하나님을 알지 못하는 자는 죽음 후에 심판이 있다는 말을 듣기 싫어한다. 애써 죽음 후는 생각하지 않으려 한다. 죽음 후를 생각하지 않는다고 해서 죽음이 오지 않는 건 아니다. 성경은 반드시 죽음이 있고 그 후에 심판이 있다고 말씀하신다. 그러므로 우리는 죽음 후 심판을 생각해야 하고 매일 죽음 후를 생각하며 오늘 하루를 잘 살아야 한다. 우리는 영원히 살지 않는다. 곧 우리 앞에 죽음이 나타나고 인생에 대한 심판이 반드시 있을 것이다. 이 세상이 전부인 줄 알고 자기 멋대로 사는 자는 모두 죽음이 두려울 것이다. 그러나 매일 매 순간 하나님을 경외하는 자로산 사람은 결코 죽음을 두려워하지 않을 것이다.

얼마 전에 군대 친구가 죽었다는 연락을 받았다. 내 주변에 있는 나와 똑같은 나이의 사람이 갑자기 죽음의 소식을 전한다. 당신은 나이가 몇인가? 당신과 똑같은 나이에 무덤에 들어간 자들이 가득하다. 죽음은 어느 날 갑자기 순식간에 다가온다. 우리의 주머니에 손을 넣었다가 손을 펴보면 죽음이라는 단어가 손바닥에 있다. 그만큼 죽음은 우리 곁에 있는 것이다. 그러므로 우리는 날마다 죽음을 준비하며 살아야 한다.

로마인들은 오래전부터 전쟁에서 승리한 장군이 마차를 타고 성안으로 들어올 때 수많은 백성이 꽃다발을 던지며 축복하는데 이때 마차 뒤에 따라가는 종들이 "메멘토 모리"(죽는다는 것을 기억하라)를 외쳤다. 이것은 참으로 지혜로운 것이다. 승리에 취해 교만하면 망한다는 것이다.

어리석은 사람은 "하나님이 어디 있어. 내 인생 내 멋대로 살거야"라며 교만한 자가 된다. 당신은 이런 어리석은 자가 되지 말라. 거짓말하고 남을 속이며 해치는 악한 자로 살지 말라. 교만한 자, 악한 자는 순식간에 다 뜨거운 용광로의 지푸라기처럼 불타버리고 없어진다(뿌리도 가지도 하나도 남김없이 다 불타버린다).

이제 하나님은 하나님을 섬기는 것이 무슨 소용이 있느냐, 지금 내게 무슨 유익이 있느냐고 하는 자들을 다 심판하시고, 대신 하나님을 경외하는 자들에게 부어주실 은혜를 말씀하신다.

"내 이름을 경외하는 너희에게는 공의로운 해가 떠올라서 치료하는 광선을 비추리니 너희가 나가서 외양간에서 나온 송아지 같이 뛰리라. 또 너희가 악인을 밟을 것이니 그들이 내가 정한 날에 너희 발바닥 밑에 재와 같으리라. 만군의 여호와의 말이니라"(말 4:2-3).

하나님을 경외하는 자에게는 세 가지 일이 반드시 일어날 것이라고 약속하신다.

첫 번째, 공의로운 해가 떠올라 치유가 일어난다.

당신은 일출을 보았는가? 바다에 붉은 해가 떠오르면 모든 어두움이 물러가고 온 세상이 환해진다. 하나님은 하나님을 경외하며 사는 자에겐 해가 떠올라 모든 어두움을 물리치듯 치유를 반드시 주신다. 여기의 치유는 악함이 사라지고 마음의 어두움이 사라지며 육체의 질병도 사라지는 것을 다 포함한다.

당신이 매일 매 순간 하나님을 경외하며 산다면 하나님의 의로움이 해처럼 떠올라 당신 삶에 있는 모든 어두움과 억울함과 질병이 다 사라지게 될 것이다. 여기 '공의로운 해'는 말라기 이후에 오실 메시아를 예언한 것으로도 해석된다.

두 번째, 외양간에 묶여 있던 송아지가
풀쩍풀쩍 뛰어다니는 것 같은 자유함을 얻게 된다.

이것은 마음 깊은 곳에서 솟아오르는 큰 기쁨과 자유를 말한다. 세상에 있는 모든 사람은 자유로운 것 같지만 참된 자유는 없다. 현대인들은 돈과 쾌락의 노예로 살아가며 질병과 불안과 두려움의 노예로 살아간다. 누가 우리에게 참 자유를 주겠는가? 하나님은 하나님을 경외하는 자에게 이런 자유를 약속하셨다.

세 번째, 악인들을 다 짓밟는 완전한 승리가 있다.

하나님은 하나님을 경외하는 자에겐 승리를 약속하셨다. 우리가 사는 세상은 여러 가지로 망가진 세상이다. 불의와 이기심, 전쟁과 폭력, 자연 재해와 혼돈, 질병과 죽음이 가득하다. 다 죄 때문이다. 죄는 하나님을 경외하면 다 사라지는 것이다.

당신이 지금 어려운 상황에 부닥쳐 있다고 하더라도 낙심하거나 절망해서는 안 된다. 우리에겐 승리를 약속하신 하나님이 계신다. 그러므로 우리 주변 상황이 아무리 힘들고 어려워도 우리는 상황 뒤에 계신 하나님을 바라보고 치유와 자유와 승리를 기대하며 살아야 한다. 의로운 태양이 떠올라 모든 어두움, 모든 질병이 사라지는 치유를 기대하라. 묶인 망아지가 풀려나 푸른 초장으로 뛰어가는 자유를 기대하라. 악한 무리를 짓밟는 승리를 기대하라.

지금 내 현실이 아무리 암담하게 보여도, 지금 내 눈에 희망이 보이지 않는 순간에도 믿음으로 희망을 보라. 하나님을 경외하는 자에겐 치유가 있고 자유가 있으며 승리가 있게 된다는 약속의 말씀을 붙잡으라. 당신의 상황을 바꾸려고 하지 말고 당신의 마음을 바꾸라. 마음이 바뀌면 모든 것은 다 바뀌게 된다. 이에 대해서 윈스터 처칠은 이렇게 말했다.

"내가 바꾸어야 할 것은 내 상황이 아니라 내 태도이다."

사람을 두려워하지 않고 하나님만 두려워하는 삶을 산다면 위대한 미래가 펼쳐질 것이다.

스코틀랜드의 종교 개혁가이며 신학자인 존 낙스는 농부의 아들로 태어나 세인트 앤드류대학을 졸업하고 천주교 사제가 되었다. 그는 어거스틴의 책을 접하면서 천주교 교리에 대한 모순을 알게 되었다. 그는 당시 존경받는 개신교 지도자인 조지 위사트를 만나 깊은 영향을 받았다. 그 당시 천주교에서는 조지 위사트를 이단으로 규정하고 화형에 처했다. 조지 위사트와 함께 지냈던 존 낙스는 여기저기 망명생활을 하다 스코틀랜드로 돌아와 스코틀랜드의 종교개혁에 앞장섰다.

원래 낙스는 성격이 조용하고 평범한 사람이었다. 그러나 그는 천주교의 부패와 거짓 교리에 대해서는 거침없이 말하였다. 당시 스코틀랜드의 대주교는 낙스에게 천주교를 비판하는 설교를 하면 죽일 것이라고 위협하였다. 그러나 낙스는 대주교의 위협을 무시하면서 "내가 주님의 영광을 위해 산다면 주님께서 내 생명의 피난처가 되시므로 나는 아무것도 염려하지 않는다"라고 말하였다. 그 당시 메리 여왕은 가톨릭 신자로 기독교인들을 강하게 핍박하였다. 그러나 존 낙스는 조금도 흔들림이 없었다.

그의 설교는 오백 개의 나팔 소리보다 크게 스코틀랜드에 울려

퍼졌다. 그의 믿음과 용기로 스코틀랜드에서 종교개혁이 이루어졌다. 존 낙스는 참으로 하나님을 경외하는 자였다. 그는 하나님에 대해 경외함이 너무 컸기 때문에 전혀 인간의 눈치를 살핌 없이 주님께서 명령하시는 대로 담대하게 외칠 수 있었다. 그래서 그가 죽었을 때 그의 무덤에 이런 말을 새겨 놓았다.

"여기에 이 세상 사람을 두려워하지 않는 사람, 오직 하나님만 두려워하는 사람이 누워 있다."

"내 이름을 경외하는 너희에게는 공의로운

해가 떠올라서 치료하는 광선을 비추리니

너희가 나가서 외양간에서 나온 송아지

같이 뛰리라"(말 4:2).

1. 하나님은 하나님을 경외하는 자들의 말을 분명히 들으시고 기념책에 기록하신다.

2. 하나님은 하나님을 경외하는 자를 하나님의 특별한 소유로 삼고 아끼신다.

3. 하나님은 하나님을 경외하는 자가 승리하게 하신다.

상황이 어떠하든지 상관없이 언제나 항상 하나님을 경외하라. 좋은 미래가 열릴 것이다.

"네 마음으로 죄인의 형통을 부러워하지 말고 항상 여호와를 경외하라. 정녕히 네 장래가 있겠고 네 소망이 끊어지지 아니하리라"(잠 23:17-18).

말라기에 나오는 마지막 경고는 하나님을 섬겨봤자 소용이 없다는 자들을 책망하시고 하나님을 경외하라는 말씀이다. 이 말씀 이후 400년 동안 하나님은 침묵하신다. 구약의 마지막 메시지인 "하나님을 경외하라"는 말씀은 내 눈에 보이는 대로, 내 생각대로, 내 멋대로 인생을 살지 말고 하나님을 경외하여 하나님의 뜻을 행하라는 것이다. 그럴 때 내 인생에 눈부신 미래가 펼쳐질 것이라는 축복의 말씀이다.

오직 하나님만 두려워하는 삶을 살아 보라. 절대 후회하지 않는 삶이 될 것이다. 하나님만 두려워하며 살라. 그러면 그 어떤 것도 두렵지 않은 인생을 살게 될 것이다.

"보라. 여호와의 크고 두려운 날이 이르기 전에 내가 선지자 엘리야를 너희에게 보내리니 그가 아버지의 마음을 자녀에게로 돌이키게 하고 자녀들의 마음을 그들의 아버지에게로 돌이키게 하리라. 돌이키지 아니하면 두렵건대 내가 와서 저주로 그 땅을 칠까 하노라 하시니라"(말 4:5-6).

미련할 정도로
애절한
하나님의 사랑

구약성경의 첫 번째 책은 창세기다. 구약성경의 마지막 책은 말라기다. 창세기는 창조로 시작되고 말라기는 하나님의 경고로 시작된다.

"여호와께서 말라기를 통하여 이스라엘에게 말씀하신 경고라"
(말 1:1).

말라기에는 6가지 경고가 나온다. 잠깐 말라기의 구조를 다시 새겨보자.

1장 1절 : 하나님의 경고
1장 2절 ~ 4장 3절 : 6가지 경고

　말라기는 4장 3절에서 하나님의 6가지 경고가 끝난다. 이제 우리가 볼 4장 4~6절은 부록, 즉 덧붙인 말이다. 하나님은 6가지 경고로 마치지 않으시고 두 가지를 더 말씀하신다. 말라기 자체가 이스라엘 백성을 향한 하나님의 안타까운 경고이다. '경고'라는 히브리말의 뜻은 '무거운 짐'이다. 부모가 자식에게 짐을 줄 때는 분명 이유가 있다. 아프리카에 사는 원주민은 강을 건널 때는 무거운 바위를 들고 건너간다. 아니 그냥 건너가기도 힘든데 왜 무거운 짐을 들고 가는가? 강을 그냥 건너가면 세찬 강물에 떠내려가기 때문이다.

　우리 인생에 말라기에서 경고한 6가지는(하나님 사랑, 온전한 예배, 건강한 가정, 공평하신 하나님, 십일조, 하나님 섬김) 나를 세상의 세찬 강물에 떠내려가지 않게 하는 무거운 바위이다. 바위는 무겁긴 하지만 반드시 큰 도움이 된다. 하나님은 6가지 경고로 충분히 하실 말씀을 다 하셨다. 그러나 말씀을 마치시지 않고 부록으로 덧붙이신다. 구약성경 마지막 책에 나오는 마지막 당부이다. 하나님은 구약 전체를 말라기에서 결론지으셨다. 그 말라기의 마지막 부분, 유언처럼 남긴 말씀이 무엇인가?

첫 번째, 구약의 마지막 말은
하나님의 말씀을 기억하고 지키라는 것이다.

"너희는 내가 호렙에서 온 이스라엘을 위하여 내 종 모세에게
  명령한 법 곧 율례와 법도를 기억하라"(말 4:4).

하나님은 호렙산에서 모세를 통해 주신 율법을 모두 기억하라
고 말씀하신다. '호렙'이라는 말은 가뭄이 심하여 땅이 쩍쩍 갈라
진 '황무지'를 뜻한다. 이스라엘은 애굽의 노예로 430년 동안 비
참하게 살다가 하나님의 절대적인 은혜로 출애굽하였고 광야 길
을 통과하여 호렙에 도착하였다. 그들은 어떻게 살아야 하는지
어디로 가야 하는지 아무것도 알지 못하였다. 하나님은 호렙산에
도착한 이스라엘 사람들에게 어떻게 살아야 하는지 말씀해 주셨
다. 모세를 시내산으로 올라오라고 말씀하시고 십계명을 주시고
또 율법도 주셨다. 성경에 시내산과 호렙산은 같이 사용된다.
  모세는 이스라엘 백성들에게 자신이 들은 율법을 다 전하였다.

"네가 호렙산에서 네 하나님 여호와 앞에 섰던 날에 여호와께
  서 내게 이르시기를 나에게 백성을 모으라. 내가 그들에게 내

말을 들려주어 그들이 세상에 사는 날 동안 나를 경외함을 배
우게 하며 그 자녀에게 가르치게 하리라 하시매"(신 4:10).

백성들은 그 말씀대로 다 준행하겠다고 약속했다.

"언약서를 가져다가 백성에게 낭독하여 듣게 하니 그들이 이
르되 여호와의 모든 말씀을 우리가 준행하리이다"(출 24:7).

'준행'은 '그대로 행동하겠다'는 뜻이다. 그런데 정말 그들이
율법을 다 지켰는가? 그들은 율법을 지키지 않고 하나님을 멀리
떠났다. 그래서 하나님은 말라기 시대를 살고 있는 이스라엘 백
성에게 그 율법을 기억하고 지키라고 말씀하신다. 율법은 우리가
어떻게 살아야 하는지 보여주는 지표이다. 한 번밖에 살지 않는
인생을 승리하는 인생으로 살고 싶은가? 그렇다면 주야로 말씀을
묵상하라.

"이 율법책을 네 입에서 떠나지 말게 하며 주야로 그것을 묵상
하여 그 안에 기록된 대로 다 지켜 행하라. 그리하면 네 길이
평탄하게 될 것이며 네가 형통하리라"(수 1:8).

하나님은 모세가 죽은 뒤 이스라엘을 이끌어 가게 될 여호수아에게 제일 중요한 것은 하나님의 말씀을 묵상하고 그 말씀대로 사는 것이라고 말씀하셨다. 말씀을 한 번만 읽고 지나가는 것이 아니라 주야로 기억하고 그 말씀대로 살아야 한다. 그렇게 하면 평탄한 인생이 되고 형통한 인생이 된다. 성경에 수많은 말씀이 있다. 말씀을 아는 것으로 끝나면 안 된다. 말씀에 순종해야 한다. 우리 앞에는 축복과 저주가 놓여 있다. 말씀에 순종하면 축복이고 불순종하면 저주이다.

"내가 오늘 복과 저주를 너희 앞에 두나니 너희가 만일 내가 오늘 너희에게 명하는 너희의 하나님 여호와의 명령을 들으면 복이 될 것이요 너희가 만일 내가 오늘 너희에게 명령하는 도에서 돌이켜 떠나 너희의 하나님 여호와의 명령을 듣지 아니하고 본래 알지 못하던 다른 신들을 따르면 저주를 받으리라"(신 11:26-28).

말씀이 하라고 하는 것은 순종하라, 겸손하라, 주일 성수를 하라, 온 맘을 다해 예배드리라, 항상 기뻐하라, 쉬지 말고 기도하라, 범사에 감사하라 등이다. 말씀이 하지 말라고 하는 것은 교만하지 말라, 거짓말하지 말라, 간음하지 말라, 술 취하지 말라, 불평하지 말라 등이며, 우리는 하지 말라고 하는 것은 해서는 안 된다.

2003년 4월 26일 미국의 젊은 탐험가 아론 랠스톤(27세)이란 사람이 유타주에 있는 협곡에서 혼자 바위산을 등반하다가 위에 있던 바위가 아론 랠스톤의 오른손 위에 떨어졌다. 손 위에 떨어진 바위가 너무나 큰 바위였기 때문에 손을 빼낼 수가 없었다. 오른손이 바위틈에 낀 채 5일이 지났다. 이제는 먹을 빵도 마실 물도 다 떨어졌다. 그는 둘 중 하나를 선택해야 한다. 바위틈에 오른손이 끼인 채 그대로 죽을 것인가, 아니면 오른 손목을 잘라내고 살길을 찾을 것인가.

그는 있는 힘을 다해 이를 악물고 자기 팔목을 잘라냈다. 칼이 무디어서 다 잘라내는 데 1시간이나 걸렸다. 그래서 그는 살았다. 기자들과의 인터뷰에서 그는 이렇게 말했다. "내가 특별한 용기가 있었던 것은 아닙니다. 살아남기 위해서는 다른 선택이 없었습니다." 만약 그가 자기 오른손을 도저히 자를 수 없다고 하면서 그대로 있었다면 어떻게 되었을까? 그는 분명히 오른손은 남아 있었겠지만 생명을 잃었을 것이다. 그리고 죽어가면서 이렇게 후회했을 것이다. "이게 아닌데…. 분명히 살길이 있었는데…. 내가 그때 진작 내 오른손을 미련 없이 잘라버렸더라면 나는 이렇게 죽어가지 않을 텐데…."

이런 사건은 우리에게도 일어나고 있다. 지금 성령께서 멈추라고 하는 것에 멈추길 바란다. 계속 죄에 붙잡혀 사는 것은 하나님이 우리에게 주신 소중한 인생을 다 낭비하게 한다. 왜 우리의 인생이 변하지 않는가? 죄와 피 흘리기까지 싸우지 않기 때문이다. 죄는 단호하게 끊어야 한다.

당신은 복 받는 인생이 되고 싶은가?

"복 있는 사람은… 오직 여호와의 율법을 즐거워하여 그의 율
  법을 주야로 묵상하는도다"(시 1:1-2).

말씀을 읽고 말씀대로 사는 하나님의 사람이 되어야 한다.

두 번째, 구약의 마지막 말은
회개하고 심판을 준비하라는 것이다.

"보라. 여호와의 크고 두려운 날이 이르기 전에 내가 선지자

엘리야를 너희에게 보내리니 그가 아버지의 마음을 자녀에게로 돌이키게 하고 자녀들의 마음을 그들의 아버지에게로 돌이키게 하리라. 돌이키지 아니하면 두렵건대 내가 와서 저주로 그 땅을 칠까 하노라 하시니라"(말 4:5-6).

하나님은 지금 말라기 시대를 살고 있는 유대인들에게 마지막 날이 이르기 전에 엘리야를 보내겠다고 말씀하신다. 여기 엘리야는 이미 하늘로 승천한 엘리야가 아니라 앞으로 오게 될 세례 요한을 말한다. 예수님이 태어나기 6개월 전에 천사가 사가랴에 나타나서 세례 요한이 태어날 것을 말하면서 그 세례 요한은 엘리야의 심령과 능력으로 예수님 앞에서 일할 자라고 말씀하신다.

"그가 또 엘리야의 심령과 능력으로 주 앞에 먼저 와서 아버지의 마음을 자식에게, 거스르는 자를 의인의 슬기에 돌아오게 하고 주를 위하여 세운 백성을 준비하리라"(눅 1:17).

예수님도 말라기에서 예언한 엘리야가 세례 요한이라고 분명히 말씀하셨다.

"모든 선지자와 율법이 예언한 것은 요한까지니 만일 너희가 즐겨 받을진대 오리라 한 엘리야가 곧 이 사람이니라. 귀 있는 자는 들을지어다"(마 11:13-15).

예수님이 말씀하시는 '이 사람' 은 바로 세례 요한을 뜻한다. 세례 요한이 와서 아버지의 마음을 자녀에게로 자녀의 마음은 아버지에게로 돌이키게 하겠다는 말이다. 히브리 원어에는 아버지와 자녀를 다 복수로 기록하고 있다. 세례 요한은 정말 예수님이 태어나기 6개월 전에 태어나서 어린 시절에 부모를 떠나 광야에서 살았고, 하나님의 음성을 듣고 이스라엘 백성에게 나타나서 제일 먼저 한 말은 "회개하라 천국이 가까이 왔느니라"(마 3:2)였다.

하나님은 여호와의 크고 두려운 날이 이르기 전에 세례 요한을 보내셔서 회개를 선포하게 하셨다. 정말 많은 사람이 와서 죄를 자복하고 세례를 받았다.

"자기들의 죄를 자복하고 요단강에서 그에게 세례를 받더니" (마 3:6).

말라기 4장 5절의 '여호와의 크고 두려운 날' 은 예수님의 초림과 재림 두 가지를 다 뜻하는 말씀이다. 예수님 당시 유대인들에게 여호와의 크고 두려운 날은 예수님이 오신 것이고 오늘을 사는 우리에게는 예수님이 다시 오시는 재림의 날, 즉 최후 심판의 날을 뜻한다. 다시 6절을 보자.

"그가 아버지의 마음을 자녀에게로 돌이키게 하고 자녀들의 마음을 그들의 아버지에게로 돌이키게 하리라. 돌이키지 아니하면 두렵건대 내가 와서 저주로 그 땅을 칠까 하노라 하시니라"(말 4:6).

세례 요한이 하는 제일 중요한 일은 아버지의 마음이 자녀에게로 돌아가게 하고 자녀의 마음을 아버지에게로 돌아가게 하는 것이다. 아버지 마음이 자녀에게 돌아가게 하는 것과 자녀의 마음이 아버지에게로 돌아가는 것이 무엇인지는 누가복음 1장을 보면 더 정확해진다.

"그가 또 엘리야의 심령과 능력으로 주 앞에 먼저 와서 아버지의 마음을 자식에게, 거스르는 자를 의인의 슬기에 돌아오게 하고 주를 위하여 세운 백성을 준비하리라"(눅 1:17).

누가복음에서는 아버지의 마음이란 의인의 슬기(지혜)라고 말하고 있다. 그래서 주를 위해 세운 백성들을 준비하게 한다. 결국 아버지의 마음을 자녀에게로 돌이키고 자녀의 마음을 아버지에게 돌이킨다는 말은 의인의 가정이 되게 한다는 뜻이다. 아버지들이여 경건한 믿음의 아버지가 되라. 자녀들이여 아버지의 믿음을 본받아 경건한 자녀가 되라. 말라기 마지막 말씀은 아버지가 경건한 아버지가 되고 아들이 경건한 자녀가 되도록 회개하라는 말씀이다.

창세기에 나오는 에덴동산 아담의 가정은 사탄의 유혹으로 무너졌다. 하나님은 하나님이 만드신 가정이 다시 회복되기를 원하신다. 세상의 주관자인 사탄은 가정을 파괴하려고 한다. 반면에 하나님은 가정이 하나님께서 만드신 원래의 모습으로 회복되길 원하신다.

아버지들이여, 세상 성공을 위해 살지 말고 아버지들이 먼저 회개하고 하나님께로 돌아가라. 가정의 머리는 아버지이다. 가정의 모든 책임은 아버지에게 있다. 아버지의 마음은 자녀에게 우선순위를 두어야 한다. 자녀들이여 세상을 따라가지 말고 회개하고 하나님께로 돌아가라. 회개는 하나님께로 돌아오는 것이다.

나는 이 책을 읽는 모든 아버지가 먼저 경건한 아버지가 되도록 회개하길 촉구한다. 우리 자녀들도 경건한 자녀, 하나님의 거룩한 씨가 되도록 회개하길 바란다. 말라기 2장 15절에서 결혼의 목적은 하나님의 씨, 즉 경건한 자녀를 얻기 위함이라고 말씀한다. 당신의 가정은 어떤가? 경건한 가정이 되었는가? 의인의 가정이 되었는가? 오늘이 기회이다. 오늘이 회개할 기회이다.

얼마 전에 우리 교회에 오신 구세군 이광렬 사관님은 39세 나이에 임파선암으로 30분 안에 죽는다는 사형선고를 받았다고 했다. 이 사관님은 '이제 곧 죽는구나' 라고 생각했다. 그때 마음에 회개하라는 음성이 들렸다. '아니 나는 스물네 살에 구세군 신학생이 되어 서른아홉 살까지 사관으로 살았는데 무슨 회개할 것이 있는가?' 라고 생각했다. 특별히 회개할 것이 생각나지 않았다. 그런데 계속 회개하라는 음성이 들려왔다.

그는 순간 자기가 죄인이라는 생각이 밀려오면서 입으로 "주님 제가 죄인입니다, 주님 제가 죄인입니다"라고 말하는데 와락 눈물이 쏟아졌다. 그는 자신이 주인 되어 살았던 모든 것을 다 회개하였다. 그러자 회개와 함께 모든 수치가 다 정상으로 돌아왔다. 심장 박동이 살아나고 혈압이 정상이 되고 살아난 것이다. 기적이었다. 의사도 간호사도 깜짝 놀랐다.

회개는 새로운 미래를 열어준다. 당신은 지금 살아 있는가? 오늘 회개하라. 회개는 언제 해야 하는가? 바로 지금 해야 한다. 회개하면 천국이 임한다. 회개하면 치유가 임한다. 회개하면 하나님과 나 사이에 막힌 것이 다 사라진다. 회개하면 은혜가 부어진다. 회개하면 하늘의 능력이 들어온다.

1. 구약의 마지막 말은 하나님의 말씀을 기억하고
   지키라는 것이다.

   우리 앞에 축복과 저주가 펼쳐져 있다. 말씀에 순종하면 축복이 임하고 말씀에 불순종하면 저주가 임한다. 말씀을 읽는 자가 복된 자다. 말씀대로 사는 자가 축복을 누린다.

2. 구약의 마지막 말은 회개하고 심판을 준비하라는 것이다.

   회개는 새로운 미래를 열어준다. 하나님은 회개하고 돌아오면 새 일을 행하신다.

마지막으로, 숨은 메시지를 전하고자 한다.

   말라기 마지막 6절 말씀을 보면 조금 이상한 단어가 하나 있다. 그것은 "돌이키지 않으면 두렵건대 내가 와서 저주로 그 땅을 칠까 하노라"에서 '두렵건대'라는 단어다. 아니 하나님을 떠난 자들을 저주하시는 것은 당연한 일인데 하나님이 두렵다고 말씀하신다. 두려운 자는 저주를 받는 우리인데 저주하시는 하나님이 왜 두려우신가? 하나님이 우리를 사랑하시기 때문이다.

부모는 자식이 잘못된 길로 갈 때 매를 든다. 매를 드는 아비는 기쁘고 행복한 것이 아니라 마음이 아프다. 하나님은 마음이 아픈 정도가 아니라 '두렵다'고 말씀하신다. 아니 하나님에게 두려운 것이 무엇이 있는가? 하나님에게는 그 어떤 것도 두려울 필요가 없다. 하나님에게는 수천수만의 군대도, 어떤 전쟁도, 어떤 무기도 두려운 것이 없다. 그런데 하나님은 하나님의 자녀인 우리를 저주하시는 것에 대해 두렵다고 말씀하신다.

그렇기에 구약의 마지막 말씀은 저주가 아니라 하나님의 포기하지 않는 사랑이다. 우리는 말라기 전체를 통해 하나님의 경고에도 또박또박 언제 그랬냐고 하며 시치미 떼고 뻔뻔하게 따지는 이스라엘 백성을 보았다. 이스라엘 백성은 하나님께서 직접 그들의 죄를 지적해도 인정하지도 않고 자기 잘못을 아예 무시하는 강퍅한 자들이다. 그들은 회개할 마음이 아예 조금도 없다. 말라기 선지자가 말한 것이 아니다. 창조주이신 하나님께서 직접 말씀하셨다. 그런데도 이스라엘 백성들은 하나님의 말씀을 듣지 않았다. 정말 그들은 저주받아야 마땅한 자들이었다.

아니 하나님은 6번이나 직접 경고를 해도 듣지 않는 그들에게 또 무슨 미련이 남아 돌이키지 않으면 저주할까 두렵다고 말씀하시는가? 이것은 이스라엘 백성을 향한 하나님의 애절한 사랑이다. 처절한 사랑이다. 포기하지 않는 사랑이다. 말라기 마지막 장 마지막 절 말씀은 오늘날 우리를 향한 멈추지 않는 하나님의 애절한 사랑이다.

　구약 마지막 구절에 우리를 향한 하나님의 본심을 표현하고 계신다. 자신을 한번 살펴보라. 수없이 경고하여도 듣지 않는다. 수없이 기회를 주어도 아직도 하나님과 멀리 떨어져 있다. 수없이 똑같은 죄를 되풀이하여 짓고 있다. 그래도 내가 살아 있는 것은 하나님의 포기하시지 않는 사랑 때문이다. 하나님은 우리를 절대로 포기하지 않으신다. 우리의 삶에 고난이 있는 것은 하나님의 본심이 아니다.

　　"주께서 인생으로 고생하게 하시며 근심하게 하심은 본심이
　　아니시로다"(애 3:33).

　　우리를 향한 하나님의 본래 계획은 재앙이 아니라 평안과 희망이다.

　　"여호와의 말씀이니라. 너희를 향한 나의 생각을 내가 아나

니 평안이요 재앙이 아니니라. 너희에게 미래와 희망을 주는 것이니라"(렘 29:11).

우리에게 희망이 있는 이유는 우리를 끝까지 사랑하시는 하나님이 계시기 때문이다. 당신의 모든 것이 다 무너졌는가? 모든 사람이 다 떠났는가? 모든 게 끝난 것 같은가? 괜찮다. 우리에게는 나보다 나를 더 사랑하시는 하나님이 계신다. 우리는 자기 인생의 계획이 없을지 몰라도 우리 인생에는 하나님의 선한 계획이 있다. 잊지 말라. 하나님은 우리에게 저주가 임하는 것이 두렵다고 말씀하셨다.

저주는 축복의 반대말로 추방, 몰수, 억제, 진멸, 가난, 기근, 가뭄, 전쟁, 전염병을 뜻한다. 하나님은 우리가 망하는 것이 두렵다. 하나님은 우리가 망하길 원치 않으신다. 하나님은 우리가 아픈 것을 원치 않으신다. 하나님은 우리가 가난한 것을 원치 않으신다. 하나님은 우리가 절망하는 것을 원치 않으신다. 하나님을 떠나 망하는 인생 살지 말고 하나님에게로 돌아와서 나를 절대 놓지 않으시는 하나님의 손을 붙잡으라.

탕자가 아버지 것을 다 낭비하고 거지 같은 모습으로 돌아오자 아버지는 맨발로 뛰어나가 돼지 냄새나는 아들을 와락 안아주었다. 그 아버지가 하나님이시다. 실패한 모습 그대로 탕자를 넓은 품으로 안아주신 아버지 품으로 돌아오라. 하나님 아버지의 넓은 품에 안기라. 하나님 품 안에서 안식하라. 하나님으로 만족하라. 하나님과 함께 즐기라. 하나님은 우리가 하나님과 하나가 되어 춤추는 인생이 되길 원하신다. 모든 인생의 답은 하나님에게 있다.

말라기는 먼 옛날의 말씀으로 멀리 여겼는데 이렇게 큰 은혜가 있는 줄 몰랐다. 말라기 시대의 이스라엘 백성과 오늘날 우리 그리스도인들에게 같은 문제가 있음을 알게 되었다. 6가지 경고는 정말 큰 경고일 뿐만 아니라 우리에게 꼭 필요한 말씀이었다. 한번 더 정리해보자.

첫 번째, 하나님의 사랑을 의심하지 말라는 것이다.

"여호와께서 이르시되 내가 너희를 사랑하였노라 하나 너희는 이르기를 주께서 어떻게 우리를 사랑하셨나이까 하는도다. 나 여호와가 말하노라. 에서는 야곱의 형이 아니냐. 그러나 내가 야곱을 사랑하였고"(말 1:2).

혹시 여러분 중에 하나님이 나를 사랑하시는가 고민하는 이가 있는가? 하나님의 사랑을 믿지 못하면 미래가 불안하고 두렵다. 부모의 사랑을 받지 못한 아이는 늘 불안하고 두려운 마음으로 산다. 부모의 사랑을 받지 못한 아이는 매사에 불만이 많고 세상을 부정적으로 본다. 마찬가지로 하나님의 사랑을 의심하는 자도 늘 불안하고 늘 부정적이다.

여기에 대한 하나님의 대답은 내가 에서를 선택한 것이 아니라 너희들의 조상인 야곱을 선택하였다는 말씀이었다. 하나님이 실력 있고 능력 있고 돈 있는 에서를 선택하시지 않고 아무런 능력도 없는 야곱을 선택하셨다는 것이 하나님이 이스라엘을 사랑하시는 증거라고 말씀하신다. 당신이 세상의 눈으로 볼 때 실력 없고 능력 없고 돈이 없어도 지금 예수를 믿고 있다면 하나님께서 당신을 사랑하신다는 증거이다.

당신에게는 "하나님이 나를 사랑하시는가?"라는 의심이 없기를 바란다. 아빠의 사랑을 듬뿍 받는 딸은 집으로 돌아가는 길이 가볍고 신이 날 것이다. 하나님이 나를 사랑한다는 것을 아는 자는 인생 자체가 행복하고 기쁨이 넘칠 것이다. 하나님은 당신을 사랑하신다. 하나님의 사랑을 의심하지 말라. 그것은 시간 낭비일 뿐이다.

두 번째, 하나님을 멸시하지 말라는 말씀이다. 형식적인 예배를 경고하신 것이다. 형식적인 예배를 드리는 것은 하나님을 멸시하는 행동이다.

"내 이름을 멸시하는 제사장들아… 너희는 이르기를 우리가
어떻게 주의 이름을 멸시하였나이까 하는도다"(말 1:6).

하나님께서 이스라엘 제사장들에게 "너희들은 어찌하여 나를 멸시하느냐" 하고 묻자, 그들은 "우리가 언제 어떻게 주님을 멸시하였나이까" 하며 반문한다. 그러자 하나님은 눈먼 양, 다리 저는 양, 병든 양을 희생제물로 드리는 위선적, 습관적, 형식적인 예배를 지적하신다.

예배는 하나님의 은혜가 부어지는 시간이다. 예배는 내 영혼이 살아나는 시간이다. 예배는 설렘이고 기대이고 기쁨이다. 예배를 우습게 여기는 것은 하나님을 멸시하는 것이라는 사실을 알아야 한다. 매일 하나님에게서 오는 은혜를 받기를 원하는가? 그렇다

면 마음을 다해 예배드리라. 예배가 살아 있는 자에게는 날마다 은혜가 부어질 것이다.

세 번째, 건강한 가정을 세우라는 말씀이다.

이스라엘 백성은 우상 숭배를 하였고 이방 여인과 잡혼을 하였으며, 또 지금 함께 사는 아내를 학대하고 숨기고 심지어 아내를 쫓아내는 악행을 저질렀다. 하나님은 고통받는 여인들이 성전에 와서 울음과 탄식으로 기도하자 "다시는 너희들의 봉헌물을 받지 않겠다"라고 말씀하셨다.

그러자 이스라엘 백성들은 회개하기는커녕 오히려 큰소리를 치며 "하나님께서 우리들의 제물을 받지 않으시니 어찌 됨이니까" 하고 따졌다. 하나님은 삶의 예배를 드리라고 경고하신 것이다.

특별히 당신이 남편이라면 무슨 일을 하더라도 가정을 최우선 순위에 두라. 회사보다 중요한 것은 가정이다. 특별히 남편은 아내를 귀히 여기라. 아내에겐 무조건 잘해주어라. 그것이 당신 자신에게 잘해주는 것이다. 가정의 모든 책임은 남편에게 있다. 남편이 아내의 머리이기 때문이다. 당신이 남편이라면 가정을 귀히 여기라, 하나님은 아무리 예배를 잘 드려도 가정을 든든히 세우지 못한다면 그 예배를 받지 않으신다. 하나님은 우리의 가정생활을 다 보고 계신다.

네 번째, 하나님의 공의를 의심하지 말라는 것이다.

유대인들은 하나님도 모르는 악한 이방 나라의 지배를 받으며 약자로 살아가는 것에 대해 깊은 절망과 회의감에 빠졌다. 그들은 "악을 행하는 자들이 더 잘된다, 하나님의 정의가 어디 있느냐"고 하며 하나님을 괴롭혔다. 그들은 이런 말이 하나님을 괴롭히는 줄도 모르는 영적으로 무지한 자였다.

"너희가 말로 여호와를 괴롭게 하고도 이르기를 우리가 어떻게 여호와를 괴롭혀 드렸나이까 하는도다. 이는 너희가 말하기를 모든 악을 행하는 자는 여호와의 눈에 좋게 보이며 그에게 기쁨이 된다 하며 또 말하기를 정의의 하나님이 어디 계시냐 함이니라"(말 2:17).

그들은 이제 대놓고 하나님에게 하나님의 정의로우심이 어디 있느냐는 불평을 쏟아내고 있다. 여기에 대한 대답으로 하나님은 곧 예수님이 오셔서 모든 것을 심판하실 것을 말씀하셨다. 세상은 어차피 불공평하다. 왜냐하면 세상을 지배하는 자들이 악하고 또 인간은 신이 아니기에 공평할 수가 없다. 지금 내 눈에 보이는 모든 불공평함에 대해 불평하거나 원망하지 말고 지금의 모든 것을 심판하실 주님을 바라보고 최선을 다하는 삶을 살라. 주님은 다 아신다.

다섯 번째, 하나님께로 돌아오라는 말씀이다.

"만군의 여호와가 이르노라. 너희 조상들의 날로부터 너희가 나의 규례를 떠나 지키지 아니하였도다. 그런즉 내게로 돌아오라. 그리하면 나도 너희에게로 돌아가리라 하였더니 너희가 이르기를 우리가 어떻게 하여야 돌아가리이까 하는도다"(말 3:7).

이스라엘 백성들은 하나님께서 "내게로 돌아오라"고 말씀하자 "아니 우리가 언제 하나님을 떠났다고 돌아오라고 말씀하십니까?" 하며 퉁명스럽게 반문한다. 그러자 하나님은 십일조를 꺼내신다. "너희들이 십일조를 드리지 않는 것이 내 것을 다 가져가는 도둑질인데 그러면서도 내게 마음이 있다고 할 수 있느냐? 너희들의 예배는 다 형식일 뿐이다"라고 말씀하셨다.

그렇게 말씀하신 후 "온전한 십일조를 하면 하늘 문을 열고 쌓을 곳이 없도록 복을 주겠다"라고 덧붙이셨다(두 번째 경고와 다섯 번째 경고는 둘 다 예배에 대한 말씀이다). 세상에 최고의 투자는 하나님에게 투자하는 것이다. 십일조는 하나님의 것을 하나님께 드리는 것이며 하나님께 투자하는 것이다.

여섯 번째, 하나님을 경외하라는 말씀이다.

이스라엘 백성들은 "하나님을 섬기는 것이 헛되고 하나님의 말씀을 지킨들 무슨 유익이 있느냐"고 하며 빈정거렸다.

"이는 너희가 말하기를 하나님을 섬기는 것이 헛되니 만군의 여호와 앞에서 그 명령을 지키며 슬프게 행하는 것이 무엇이 유익하리요"(말 3:14).

하나님은 그들에게 "하나님을 섬기는 자들, 즉 하나님을 경외하는 자들이 하는 말과 그들의 모든 행위를 다 여호와의 기념책에 기록하여 영원히 보존하신다"라고 말씀하셨다. 하나님을 위한 섬김은 물 한 컵이라도 소중한 것이며 영원히 기록되는 것이다. 할 수만 있다면 하나님을 섬기는 자로 살라.

말라기에 나오는 6가지 경고 외에 덧붙인 우리를 향한 하나님의 두려움(하나님의 숨은 사랑)은 내게 큰 감동을 주었다. 먼지보다 못한 나를 끔찍이 사랑하시는 하나님께 감동이 된다. 그것도 부족하여 아들 예수님을 보내 주심에 눈물이 난다. 나를 끝까지 사랑하시는 하나님 때문에 한 번밖에 못 사는 이 짧은 인생을 정말 소중하게 살아야겠다고 다짐해 본다.